핸드백디자이너의
뜨개가방

핸드백디자이너의 노하우로 완성되는
코바늘 뜨개가방 30

**핸드백디자이너의
뜨개가방**

초판 1쇄 발행 2023년 3월 13일

지은이 공재희·정정희 **펴낸곳** 크레파스북 **펴낸이** 장미옥
편집 정미현, 김용연 **디자인** 김지우 **마케팅** 김주희
사진 스튜디오51 남윤중

출판등록 2017년 8월 23일 제2017-000292호
주소 서울시 마포구 성지길 25-11 오구빌딩 3층
전화 02-701-0633 **팩스** 02-717-2285 **이메일** crepas_book@naver.com
인스타그램 www.instagram.com/crepas_book
페이스북 www.facebook.com/crepasbook
네이버포스트 post.naver.com/crepas_book

ISBN 979-11-89586-61-4(13630)

정가 18,000원

이 책은 저작권법에 따라 보호받는 저작물이므로 무단 전재와 무단 복제를 금지하며,
이 책 내용의 전부 또는 일부를 이용하려면 반드시 저작권자와 크레파스북의 서면동의를 받아야 한다.
잘못된 책은 구입하신 서점에서 바꿔 드립니다.

이 도서의 국립중앙도서관 출판예정도서목록CIP은 서지정보유통지원시스템 홈페이지(http://seoji.nl.go.kr)와
국가자료종합목록 구축시스템(http://kolis-net.nl.go.kr)에서 이용하실 수 있습니다.

핸드백디자이너의

뜨개 가방

공재희·정정희 지음

크레파스북

prologue

최근 몇 년 동안 코로나 바이러스는 사회를 여러모로 바꾸어 놓았다. 집에 머무르는 시간이 늘어나자, 사람들은 혼자만의 시간을 보낼 수 있는 새로운 취미를 찾기 시작했다. 그중에서 뜨개는 실용적이면서도 초보자들이 가장 쉽게 시작할 수 있는 취미였다. 누구든 온라인으로 실과 키트를 주문하고 영상과 도안을 시청하면서 입문할 수 있기 때문에, 초보 뜨개인이 대폭 늘어났다.

'나만의 특별한 것'을 원하는 사람들에게 핸드메이드는 갈증을 채워주는 이온음료와 같았다. 뜨개를 취미로 하는 초보 뜨개인들은 주로 가방을 떴다. 가방이 비교적 빠른 시간 안에 쉽게 완성작을 만들 수 있어 만족감을 충족시켜 주고, 실용성도 뛰어나기 때문이었다. 가방을 뜨는 것이 트렌드가 되면서 초보자를 위한 굵은 실, 가방을 뜨기에 좋은 실이 많이 출시되었고, 유튜브에는 초보자를 위한 다양한 뜨개가방 동영상이 많이 올라왔다. 뜨개가방 제작의 인기는 국내뿐 아니라 전 세계적으로 마크라메, 라탄, 퀼팅을 포함한 모든 핸드메이드 분야에서 새로운 트렌드가 되었다.

그러나 뜨개가방에 특화된 참고 자료나 책은 드물다. 편물로 가방을 뜨다 보면, 재료의 특성상 쉬이 늘어지거나 내구성과 실용성이 떨어지는 경우가 많은데, 이를 방지하는 방법을 자세히 소개한 서적이 없었다. 또한 SNS에서는 잘못된 용어가 널리 쓰여 혼란을 초래하는 경우도 있었다. 예를 들어, 키링과 개고리는 전혀 다른 장식인데 혼동되고 있거나, 가방의 스타일 분류가 제각각일 때도 많았다.

나는 이 책을 통해서 나의 노하우를 이용한 뜨개가방 만들기를 소개하고자 한다. 가방에 관련된 전문 용어를 통일하여 불필요한 혼란을 없애고, 핸드백의 여러 요소를 뜨개가방에 접목하여 독자들이 다양한 디자인을 시도할 수 있도록 도울 것이다.

이 한 권의 책이 사람들에게 신선하고 완성도 높은 뜨개가방을 만들 수 있도록 도움이 되기를 바란다. 뜨개를 통해 누릴 수 있는 정서적인 장점도 더 많은 사람이 느껴봤으면 좋겠다. 그리하여 더욱 풍요롭고 다양한 K-뜨개 콘텐츠가 글로벌하게 주목받았으면 더할 나위 없겠다.

2023. 02

공 재 희

contents

006   Prologue
013   Style story

Crochet yarn story

038   얀파스타, 코튼코드
040   레더필
042   무지얀, 한지사
044   이코드7, 네트얀

Crochet know-how

048   가방 스타일 정하기
050   부자재 알아두기

How to make

054   얀파스타, 코튼코드
096   레더필
132   무지얀, 한지사
162   네트얀

Crochet essay

094   엄마의 뜨개
130   뜨개가 있어서 다행이야
160   뜨개가방의 매력
186   상표권 디자인 특허와 저작권 침해의 경계

How to make 1 얀파스타·코튼코드

브릭숄더백
056

앤디백
060

와이드스트라이프바게트백
064

플랜투웨이백 / 플랜클러치
070 / 074

팝콘버킷백
076

세모네트백
080

애니숄더백 / 애니클러치
084 / 088

쁘띠마르쉐백
090

How to make 2 레더필

플리츠숄더백
098

라운드백
102

데일리숄더백
106

백팩
110

미니크로스백
114

노트북가방
118

세체니네트백
122

그린드레스백
126

How to make 3 한지사·무지얀

모링가쇼퍼백
134

다이아몬드숄더백
138

스트라이프쇼퍼백
142

스트라이프버킷백
146

레더앤라피아백
150

로빈토트백
154

How to make 4 네트얀

미니멈토트백
164

미니멈클러치
168

샤론네트백
170

에밀리네트백
174

에이미백
178

텀블러캐리어
183

Style story

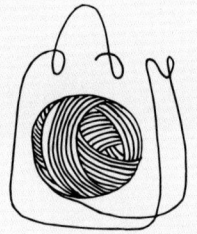

뜨개가방의 스타일 특징

최소한의 요소만으로
깔끔하게 디자인한 미니멈토트백
짧은뜨기를 변형한 짜임에 배색 포인트로
절제된 세련미가 돋보인다.

how to make
164p

how to make
126p

엣지 있는 독특한 형태의 도시적인 그린드레스백
가죽 느낌의 실과 볼드 골드체인의 연출로 한층 더 드레시한 멋을 주다.

수납성이 좋은 라운드 스타일의 토트백
입구의 여밈 장치가 있어서 안심하고 소지품을
수납할 수 있고, 입구를 넓게
사용할 수도 있다.

how to make
102p

how to make
178p

정장과 캐주얼 모든 옷에 잘 어울릴,
깔끔하고 아담한 에이미백
가방끈이 앞 덮개 사이에 끼워지는 것이 포인트!
다른 부자재 없이 여밈 역할을 한다.

얀파스타의 가는 버전의 실 코튼코드로 만든 애니클러치
사선으로 겹뜨기해서 색상 콤비가 은은하다.
클러치백 입구를 통가죽 지퍼아대를 사용하여 지퍼 여밈으로 만들었다.
고급스러운 금속 지퍼가 가방의 디테일을 살려준다.

how to make
088p

굵은 면사의 짜임으로 층층이 쌓아
입체적인 스트라이프 무늬의 플랜투웨이백
각 잡힌 네모 반듯한 형태로 단정한 느낌에,
폭이 넓어 수납력이 좋다.
투웨이 끈으로 토트백과 숄더백, 두가지로 연출할 수 있다.

how to make
064p

색다른 뜨기 방법의 샤론네트백
텐션 있게 무늬를 떠서 자연스럽게 늘어지는 형태가 예쁜
마크라메 느낌의 여성스러운 네트백이다.
양옆으로 어깨끈을 보강하여 입구 모양을 잡아주고
라인도 살렸다.

how to make
170p

how to make
106p

깔끔한 스타일의 숄더백
실용적인 크기의 데일리백으로
늘어짐이 없이 짱짱하다.
레더필의 탄탄한 짜임으로
내구성이 좋다. 입구는 개고리와
디링으로 여미도록 했다.

how to make
115p

미니크로스백
오트밀스티치의 정교함과
마크라메 기법의 핸들 스트랩이 잘 어울린다.
핸드폰과 지갑 정도 수납이 가능하고
입구는 솔트레시로 여밈할 수 있다.

색상 콤비가 돋보이는 숄더백
색상 콤비에 따라 사계절 백으로
들고 다니기 좋다.
탄탄한 짜임의 핸들로
늘어짐이 적고 사이즈도 큼직해서
데일리백으로 좋다.

how to make
056p

how to make
090p

굵은 실로 떠서 짜임이 돋보이는, 쁘띠마르쉐백
위로 올라갈수록 입구가 넓어지는 쉐입으로 면로프와 매치하여 귀여움을 강조했다.
엄마와 아이, 커플 가방으로 들면 정말 사랑스럽다.

굵은 면사로 뜬 큼지막한 세모네트백
세모세모 패턴을 네트가 너무 크지 않게, 견고하게 쌓아올렸다.
V자로 깊게 파여 어깨끈까지 올라가는 라인이 시원스럽다.
네모가 지루하다면 이제는 세모에 도전!

how to make
080p

바게트백 스타일의 숄더백
앞 뒤판과 바닥을 포함한 옆면 3장을 뜨개질한 후 연결하면서 핸들을 만든다.
스트라이프와 옆면이 폭이 넓어지면서 유니크한 가방 스타일을 연출한다.
입구는 자석으로 여밈 장치가 있고
바닥을 매쉬망으로 보강해서 가방의 형태감이 좋다.

how to make
064p

how to make
110p

변형짧은뜨기로 고르게 짜인 백팩.
백팩 핸들이 입구와 연결되어 있어서 여밈 기능도 한다.
작은 금속 장식이 포인트. 레더필로 만들고 바닥이 보강되어 있어서 처짐이 없다.

how to make
098p

플리츠(주름) 스타일의 숄더백
실을 끊거나 연결하지 않고 한 번에 뜨는 가방으로
짧은 뜨기, 한길긴뜨기와 빼뜨기로만 만들 수 있는 가방이다.
패셔너블한 스타일과 색상이 기존 뜨개가방에 비해서 모던하다.

대바늘로 뜬 것 같은 오트밀스티치 가방
젠더리스하게 들고 다니기 좋은
노트북/서류 가방이다.
레더필 실 자체에 두께와 힘이 있어서
가방 안 내용물을 보호할 수 있다.
남성 선물용으로 좋은 뜨개가방이다.

how to make
118p

통가죽 캐리어 안에
뜨개가방을 넣고 다니는 백
안에 뜨개가방을 여러 가지 실과 색상으로
만들어서 다양한 분위기를
연출할 수 있다.

how to make
150p

how to make
138p

다이아몬드 패턴이 포인트인 숄더백
핸들 뒷면을 위빙으로 보강해서 늘어지지 않는다.
입구는 자석으로 여밈 장치를 했고
탓셀을 다양한 색상으로 만들어서
백참으로 포인트를 줄 수 있다.

how to make
134p

숄더백 스타일의 한지실 쇼퍼백
큼직하고 바닥이 넓어서 바캉스백으로도 사용하기 좋다.
네트망과 위빙으로 바닥과 핸들을 보강해서 늘어지지 않고 내구성이 좋다.

스트라이프 무늬가 포인트인
한지실 버킷백
입구를 하도메와 조임끈이 하나로 된
가죽 부속을 사용하여
완성도가 좋은 버킷백이다.

**how to make
146p**

Crochet yarn story

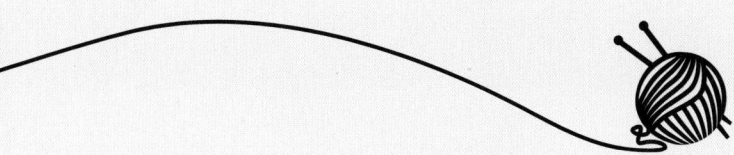

실의 종류와 컬러의 선택은

완성된 가방의 짜임과 분위기를 결정짓는 중요한 요소이다

얀파스타와 코튼코드는 재생면이나 블렌딩 원사가 아닌 국내산 100% 순면 코마사와 식물성 염료를 사용하여 만들어진 실이다.

코마사는 천연섬유이기 때문에 계절이나 염색 색상에 따라 굵기의 차이가 발생한다. 그러나 얀파스타와 코튼코드는 굵기나 짜임이 비교적 일정하고 가지런하다는 특징이 있다.

얀파스타는 6겹의 실을 니들로 짜낸 스트링 실이라 실 갈라짐이 없고 두께가 5mm 정도로 두꺼운 편으로 초보자들이 가방 뜨개실로 사용하기 좋다. 얀파스타보다 굵기가 얇은 코튼코드는 가방 외에도 블랭킷 소품이나 의류를 뜨기에도 적합하다.

1 굵은 짜임이 특징인 얀파스타
2 코튼코드 리프그린 컬러
3 얀파스타 2볼로 완성하는 브릭숄더백

얀파스타
소재 면(코마사) 100%
무게 250g
코바늘 9~10호
색상 40가지

코튼코드
소재 면(코마사) 100%
무게 200g
코바늘 7~8호
색상 22가지

소재 폴리에스테르 100%
무게 250g
코바늘 9~10호
색상 8가지

가죽인듯
가죽아닌
레더필

레더필은 가죽 느낌이 나는 실을 위해 기획한 제품으로 1년의 연구, 테스트 기간을 거쳐 선보이는 실이다. 폴리에스터 실의 염색과정에 약품처리를 추가하고, 튜브사로 짜고 열처리 하는 공정으로 생산되는데, 레더필만을 위한 열처리 기계를 새로 개발하여 특허출원할 정도로 많은 기술 연구가 있었다.

레더필을 특별하게 만드는 것은 열처리 과정이다. 열처리를 통해 실의 표면에 화학 작용이 일어나는데, 표면에 코팅 효과가 생겨 매끄러운 질감과 가죽의 자연광이 나타나게 된다. 또한, 실의 두께를 50% 정도 가늘어지게 만드는 부가효과를 가져왔는데, 실이 가늘어졌음에도 인장 강도가 좋아 뜨개가방이 늘어나지 않고 실이 꼬이는 현상도 일어나지 않는다는 장점이 있다.

1 레더필 2볼로 완성한 라운드백
2 레더필 초코컬러

여름 뜨개의 대표 실
한지사, 무지얀

종이 실은 가볍고 통기성이 우수하다는 장점이 있다. 특히 한지는 일반 종이보다 통기성과 습기를 흡수하는 능력이 뛰어나며 섬유가 길고 질겨 내구성이 좋은 실의 재료가 된다.

한지사와 무지얀은 전라도의 한지를 원료로 하여 수입 종이 실보다 가볍고 부드러우며 공정 과정에서 단순한 커팅(슬리팅 Slitting) 과정만 거치는 것이 아니라 다시 꼬아주는 작업을 더해 내구성을 높였다. 실의 색상은 자연색에 가까운 차분한 색조로 구성되어 있어 어떤 색과도 배색하기 좋다.

뜨개 제품을 완성한 다음 방수 스프레이를 뿌려주면 내구성이 한층 더 좋아진다.

한지사
소재 한지 100%
무게 100g
코바늘 8~9호
색상 13가지

무지얀
소재 한지 100%
무게 100g
코바늘 6~7호
색상 16가지

1 전주 한지로 만든 실 무지얀과 한지사
2 한지사 2볼로 완성한 다이아몬드 숄더백
3 한지사와 무지얀의 두께 비교

초보자용 가방실 이코드 7

이코드 7은 가방용으로 기획해 두껍게 짠 실이다. 폴리방적사를 사용해 무광이고 면 소재의 느낌을 준다는 특징이 있다. 짜임이 곱고 일정해서 뜨개를 하면 질감(texture)이 살아나며, 실이 두꺼운 만큼 초보자가 사용하기에 좋다.

소재 폴리에스테르 100%
무게 500g
코바늘 10~12mm
색상 16가지

네트얀

네트얀은 일반 네트백용 실이 너무 가늘어 두껍게 만든 실이다. 실이 두껍고 짜임이 있어 늘어짐이 덜하다. 후염실이고, 세탁망에 넣어 세탁기의 울/섬세 세탁 모드로 세탁할 수 있다.

소재 폴리에스테르 100%
무게 100g
코바늘 7~8호
색상 23가지

폴리방적사(PSY), 스펀얀(spun yarn)이라고도 하는 스테이플 파이버 방식으로 생산하는 실
스테이플 파이버(staple fiber), 공업 인조 섬유를 짧게 잘라 양털이나 솜과 같은 모양으로 정제(精製), 방사(紡絲)한 섬유, 면이나 모직물 같은 질감을 낸다.
선염(Yarn Dyed), 원착사라고도 하고 제직, 편직하기 전에 원사를 염색하는 것
후염(Piece Dyed), 원사를 제직 및 편직한 다음에 염색하는 것

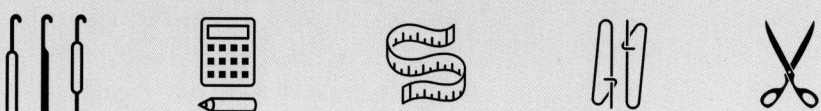

Crochet know-how

가방의 스타일과 부자재 알아두기

가방 스타일 정하기

가방을 분류하는 카테고리에는 TPO(Time, Place, Occasion), 소재, 용도, 스타일 등이 있다. 이 중 가방을 디자인할 때 가장 염두에 두는 것은 가방의 스타일이다.
스타일은 대부분 핸들의 길이로 구분된다. 즉 어떻게 가방을 들고 메고 다닐 것인지 정하는 것이 디자인의 시작이다.

토트백
TOTE BAG
짧은 핸들로 손으로 들거나 팔에 걸고 다니는 가방

숄더백
SHOULDER BAG
한 줄 또는 두 줄의 긴 끈으로 어깨에 멜 수 있는 가방

크로스백
CROSS BAG
어깨에 사선으로 길게 멜 수 있는 가방

투웨이백
2WAY BAG
토트와 숄더 2가지 스타일로 들 수 있는 가방

클러치백
CLUTCH BAG
옆구리에 끼거나 손에 쥐고 다닐 수 있는 가방

백팩
BACKPACK
등에 메고 다니는 가방의 통칭

샤첼백
SATCHEL BAG
손잡이가 있는 각이 진
학생가방에서 유래된
스타일의 가방

호보백
HOBO BAG
전체적으로 여유 있고
처진 실루엣을 가진
자루나 반달 모양의 가방

바게트백
BAGUETTE BAG
짧은 숄더핸들로 옆구리에
끼고 다니는 스타일의 가방
바게트빵을 옆구리에 끼고
다니는 것에 영감을 얻어
펜디에서 처음 선보인 스타일

플리츠백
PLEATS BAG
주름이 있는 가방

쇼퍼백
SHOPPER BAG
쇼핑백 모양으로 생긴 가방
편리하게 매일 드는
데이백 스타일

드레스백
DRESS BAG
정장에 어울리는 각이 지고
심플한 스타일의 가방

버킷백
BUCKET BAG
양동이처럼 생긴 가방
입구를 조일 수 있는 조임끈이
달려 있는 것이 특징

플랩백
FLAP BAG
샤넬의 플랩백과 같이
덮개가 있는 가방

네트백
NET BAG
그물과 같은 텍스춰를 지닌 가방
여름철 많이 들고 다닌다

가죽 부자재

가죽으로 만든 부자재는 주로 가방의 바닥 부분이나 핸들에 사용된다. 시중에 판매되는 국내산 부자재의 대부분은 통가죽으로 만들었지만, 중국산의 경우 합성피혁(인조가죽)을 사용한 경우가 많다. 뜨개가방 또한 가죽 부자재를 자주 사용하기 때문에 부자재의 종류에 대해서 알아보고, 자신의 뜨개가방을 기획할 때, 디자인과 기능을 향상시키도록 한다.

가죽의 종류
가죽은 대부분 소가죽을 원료로 하며, 통가죽과 일반 가죽으로 나눌 수 있다. 통가죽은 일반 가죽보다 두께가 두껍다. 표면에 여러 가지 엠보 무늬를 찍어서 무늬를 내기도 한다. 예를 들어 사피아노나 슈렁크, 크로커다일은 엠보의 무늬를 말하는 것이다.

사피아노

크로커다일

통가죽

핸들(스트랩)
핸들의 모양에 따라 크게 볼륨 핸들과 납작 핸들로 나누거나 길이에 따라 토트, 숄더, 크로스 등으로 나눈다.

납작 핸들

볼륨 핸들

바닥
다양한 모양의 가죽 바닥을 활용하여 뜨개가방을 만들 수 있다.

가죽을 이용한 부자재
통가죽 라벨(와펜), 단추, 각종 핸들 연결고리 등 가죽 부자재를 활용하여 가방의 완성도를 높일 수 있다.

통가죽 라벨

통가죽 테두리 단추

디링 연결고리

체인의 종류

핸드백 핸들에 사용되는 체인을 소재별로 크게 나눈다면 메탈, 플라스틱, CCB 세 가지가 있다.

메탈 체인은 비교적 얇은 핸들에 사용되고, 플라스틱 체인이나 CCB 체인은 두꺼운 핸들에 사용된다. 뜨개가방 또한 크기나 디자인에 따라 적당한 체인을 사용하면 색다른 디자인을 연출 할 수 있다.

메탈 체인

메탈 체인은 철과 알루미늄이 주로 사용되고 있다. 철은 일반적인 체인에 가장 많이 사용되고 있는 소재로 무게가 있어서 주로 가늘고 얇은 체인에 사용된다. 알루미늄은 철보다 가벼워서 굵은 체인에 사용된다.

철 체인　　철 체인_샤넬 체인　　알루미늄 체인

플라스틱 체인

가볍고 다양한 모양과 색상으로 표현할 수 있는 플라스틱 체인은 가공 과정에서 얼룩무늬 같은 패턴 작업이 가능하고 유광과 무광으로 가공할 수 있다. 코팅 과정에서 다양한 질감도 표현할 수 있다. 다른 소재에 비해 경도가 약해서 늘어지거나 깨질 수 있다는 단점이 있다.

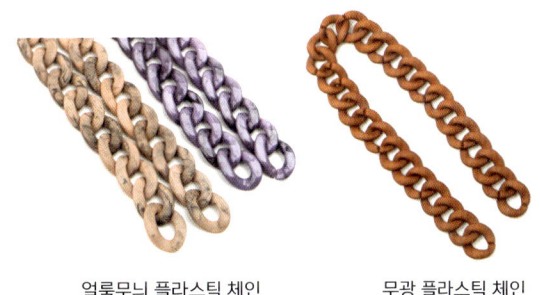

얼룩무늬 플라스틱 체인　　무광 플라스틱 체인

CCB 체인

CCB는 플라스틱도 아니고 메탈도 아닌 소재로 플라스틱만큼 가벼워서 굵은 빅 체인에 주로 쓰인다. 일반적인 금속 도금(금,니켈,엔틱 등)으로 진행할 수 있다. 알루미늄 체인보다 가볍지만 강도는 떨어진다.

청키한 디자인에 잘 어울리는 CCB 체인

금속 장식의 색상과 종류

뜨개가방을 만들다 보면 금속 장식이 많이 사용된다. 그러나 장식의 명칭이나 색상(도금)에 대해서 잘못된 표현을 하는 경우가 많아서 이번 기회에 확실히 정리하면 좋을 것 같다. 금속 장식은 유광과 무광이 있는데 대부분이 유광이고 무광은 반짝이는 광택을 도금 과정에서 매트한 느낌이 나도록 가공한다. 간혹 사틴이라는 표현을 보게 되는데 장식의 표면에 수세미로 미세한 줄무늬를 내는 것으로 은은한 광택을 내는 것이다.

금속 장식의 색상
금속 장식의 색상은 주로 골드, 니켈, 엔틱, 흑니켈, 로즈골드 등이 있다.

니켈　　골드　　로즈골드　　흑니켈　　엔틱(청동)

금속 장식의 스타일 기능별 분류
핸들을 가방과 연결하거나 가방을 여밈할 때 사용되는 장식과 속고발처럼 바닥을 보강하기 위한 장식이 있다. 프레임은 가방의 여밈 역할을 하고 가방의 사이즈에 맞게 골라서 사용해야 한다.
장식의 사이즈는 내경사이즈를 기준으로 한다.

디링　　개고리　　오링개고리　　사각링

솔트레지　　앞잠금장식　　속고발

프레임

지퍼의 종류

뜨개가방에서 사용하는 지퍼는 크기와 소재로 구분할 수 있다. 주로 사용되는 지퍼의 크기는 3, 5호이고, 소재별로는 나일론, 플라스틱, 메탈 지퍼로 나눌 수 있다. 길이가 정해져 있는 지퍼를 인치 지퍼라고 한다.

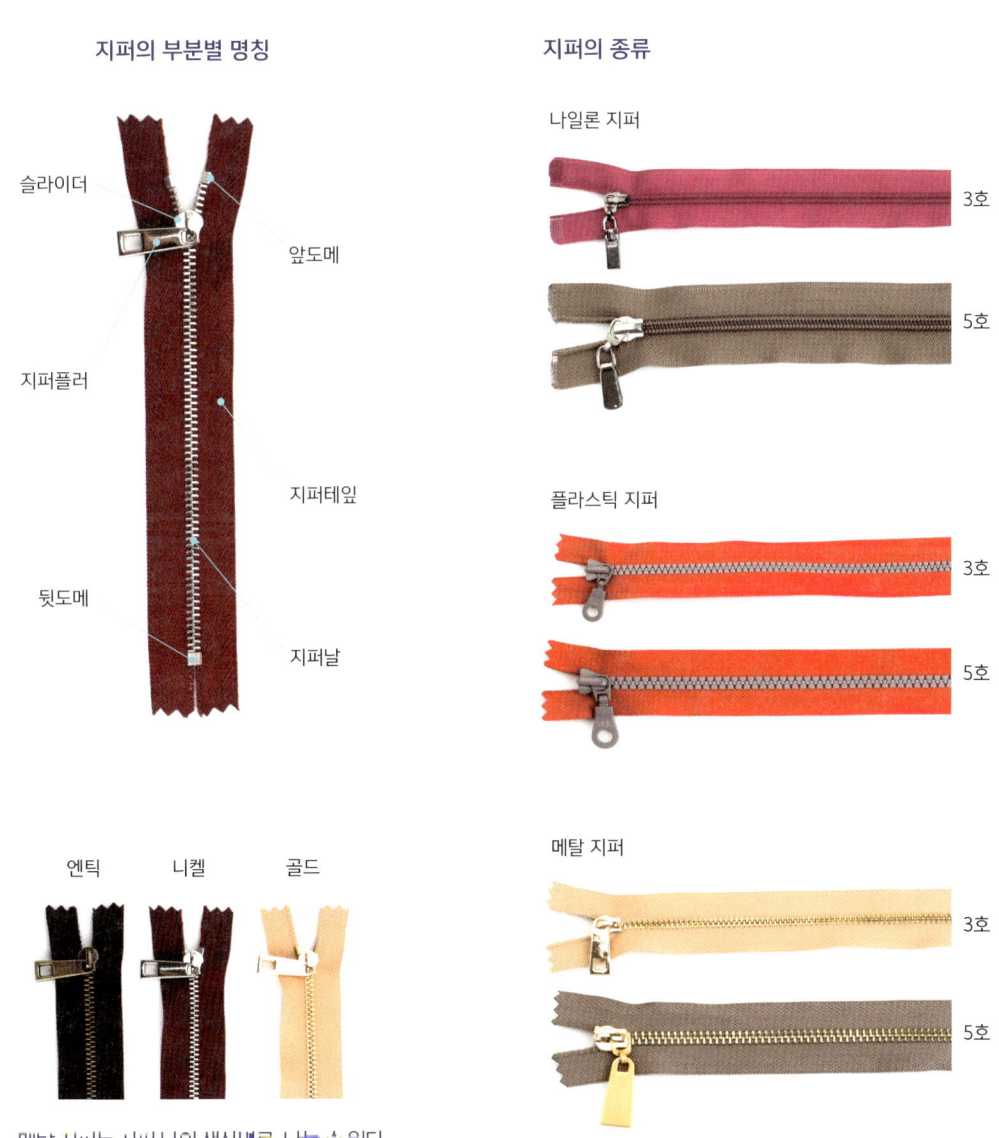

메탈 지퍼는 지퍼 날의 색상별로 나눌 수 있다.

How to make

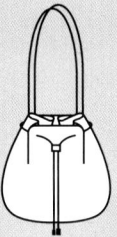

얀파스타·코튼코드

브릭 숄더백

실	얀파스타 메인 2볼, 콤비A 0.5볼, 콤비B 0.5볼
코바늘	코바늘 10/0호
사이즈	가로 27 x 세로 31cm, 폭 7cm, 핸들 23cm
부자재	바닥 보강 네트망, 플라스틱 자석

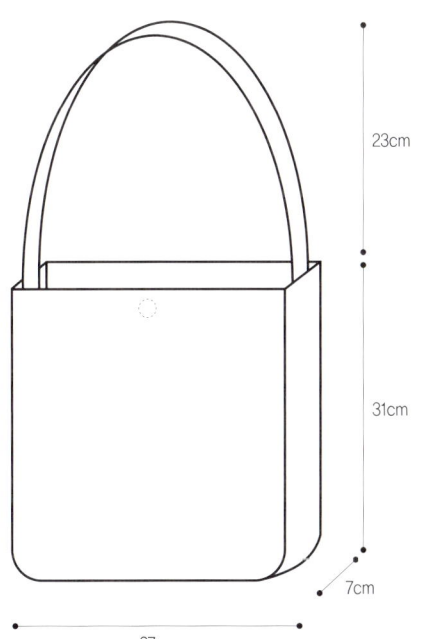

How to make
브릭숄더백

타원 바닥 뜨기(메인실)
1단
- 사슬뜨기 24코로 시작코를 만든다.
- 사슬 하나(기둥코) 하고 첫 코에 짧은뜨기를 2개 뜬다. 반대쪽 사슬까지 뜨고 마지막 코에 짧은뜨기를 3개 뜬다. 다시 처음으로 돌아오면서 첫 코에 짧은뜨기를 1개 더 뜨고 빼뜨기 한다.(총 50코)

2단
- 사슬 하나(기둥코) 하고 첫 코와 두 번째 코에 짧은뜨기를 2개씩 뜬다. 다음 코부터 한 코에 하나씩 짧은뜨기 하고, 반대쪽 3코에서 짧은뜨기를 2개씩 떠서 코를 늘린다. 첫 코로 돌아와서 짧은뜨기를 2개 뜨고 빼뜨기 한다.(총 56코)

3단
- 사슬 하나(기둥코)* 하고 짧은뜨기를 1단 뜬다. 양쪽에서 반원으로 돌며 2코씩 늘린다.(총 60코)

바닥 보강하기
- 플라스틱 네트망을 사이즈에 맞게 잘라서 봉제용 실과 바늘로 꿰매어 고정시킨다.

짧은뜨기의 기둥코는 사슬 하나의 높이와 같다.
단 올라갈 때마다 항상 기둥코를 세우고 시작한다.
1단의 마무리는 첫 코에 빼뜨기를 하는 것으로 끝난다.
도안 설명 이하 생략

몸판 뜨기
1~2단(메인실)
- 메인실로 이랑 짧은뜨기* 1단을 뜬다. 다음 단은 짧은뜨기로 1단 뜬다.

3~4단(콤비 A실)
- 콤비 A실로 짧은뜨기를 2단 뜬다.

5~6단(메인실)
- 메인실로 짧은뜨기 2코 - 앞걸어 한길긴뜨기* 2코를 반복해서 1단을 뜨고, 같은 색상으로 짧은뜨기 1단을 더 뜬다.

7~8단(콤비 B실)
- 콤비 B실로 짧은뜨기를 2단 뜬다.

9~30단
- 메인실과 콤비실을 바꿔가며 3~10단까지의 과정을 30단까지 반복한다.

31~32단(메인실)
- 짧은뜨기를 1단 뜬다.
- 마지막 단은 빼뜨기로 1단 뜬다.

핸들 뜨기
- 메인실로 사슬뜨기 63코 시작코를 만든다.
- 이랑 짧은뜨기로 3단 뜬다.
- 테두리를 빼뜨기 1단으로 마무리한다.
- 콤비 B실로 사슬 스티치 2줄을 떠서 무늬를 만든다.
- 손잡이를 몸판 양쪽 옆면에 돗바늘로 꿰매어 단다.

이랑 짧은뜨기는
뒷코 한 가닥만 걸고 짧은뜨기 한다.

앞걸어 한길긴뜨기는 아래 단의 기둥을 앞쪽으로 걸어 한길긴뜨기와 같은 요령으로 뜬다. 여기서는 3단 아래 코에 걸어 한길긴뜨기 했다.

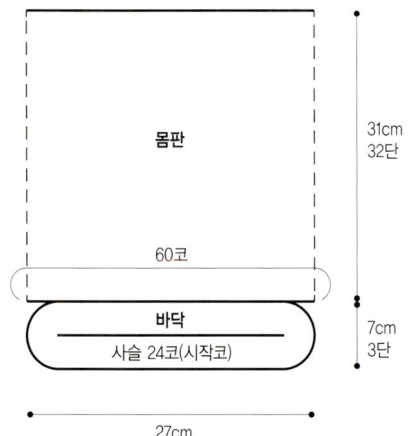

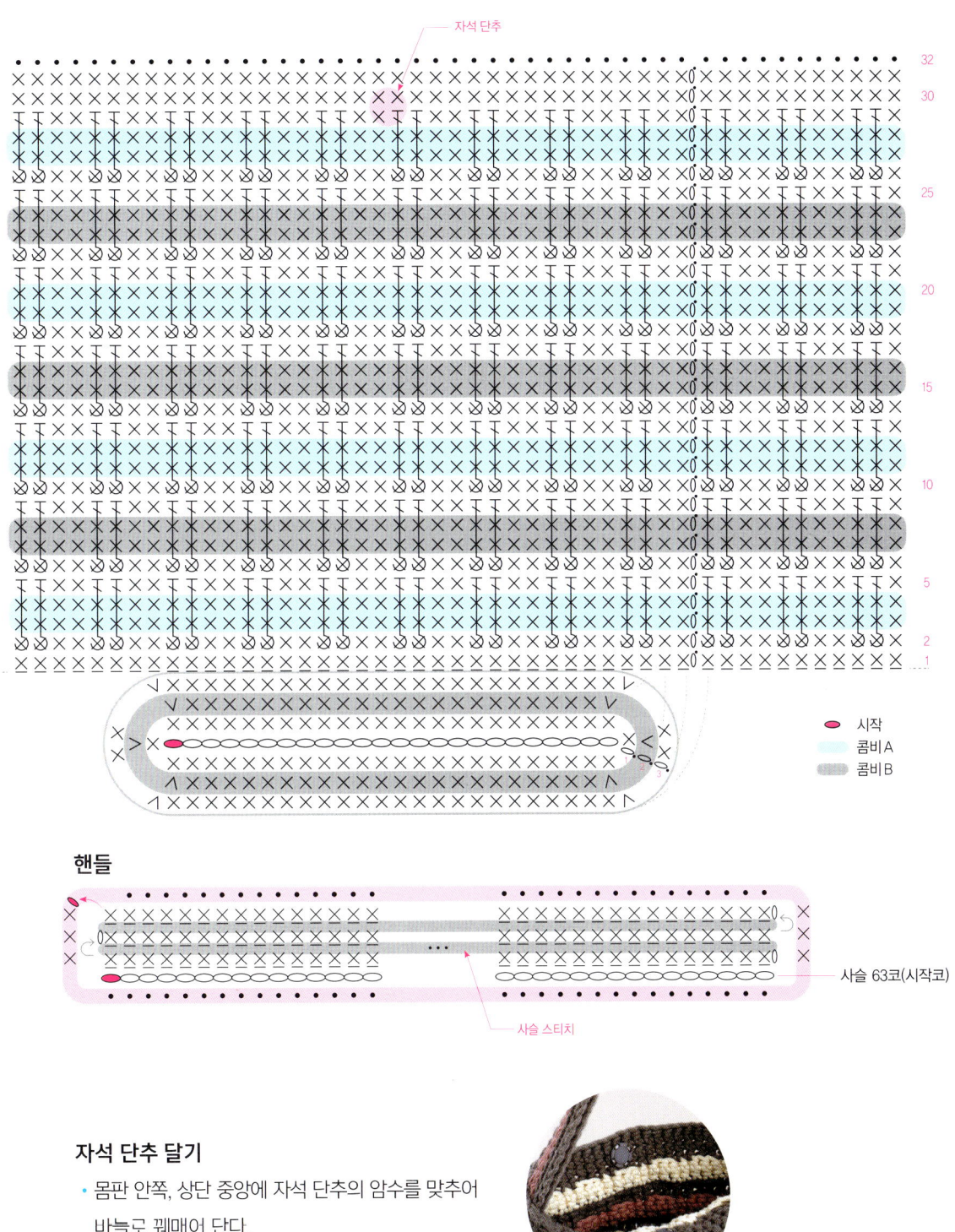

자석 단추 달기

- 몸판 안쪽, 상단 중앙에 자석 단추의 암수를 맞추어 바늘로 꿰매어 단다.

 사각 바닥 뜨기

 편물과 끈 연결

앤디백

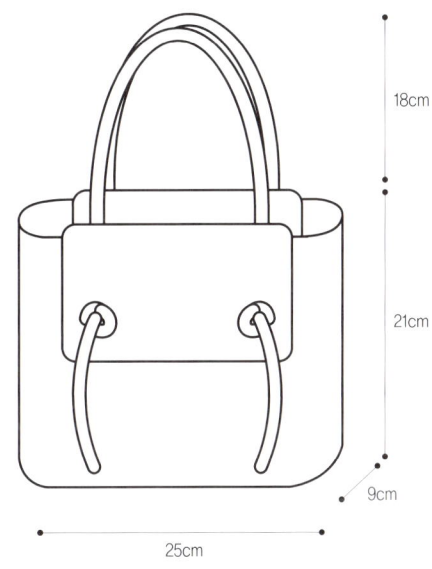

실	얀파스타 2볼, 파인램스울 2볼
코바늘	8/0호, 10/0호
사이즈	가로 25 x 세로 21cm, 폭 9cm, 핸들 18cm

How to make
앤디백

사각 바닥 뜨기(얀파스타, 10호 코바늘)
1단
- 꼬리실을 1m 남겨놓고 사슬뜨기 20코로 시작코를 만든다.
- 사슬 하나(기둥코) 하고 짧은뜨기로 사각 바닥을 1단 뜬다. 모서리는 짧은뜨기 1개 – 사슬 2개 – 짧은뜨기 1개로 뜬다.(총 42코, 모서리의 사슬은 세지 않는다)

2~3단
- 사슬 하나(기둥코) 하고 짧은뜨기를 한다. 모서리(사슬 2개 부분)에서 짧은뜨기 1개 – 사슬 2개 – 짧은뜨기 1개로 각을 유지하면서 코를 늘린다.(2, 3단 8코씩 증가)

4단
- 바닥 마지막 4단 모서리는 사슬없이 짧은뜨기 3개만 한다.(4단만 12코 증가)
- 처음 시작코 부분에 사슬 스티치를 1줄 뜬다.

몸판 뜨기(얀파스타, 10호 코바늘)
1-19단
- 이랑 짧은뜨기로 19단 뜬다.

상단 편물 뜨기(램스울, 8호 코바늘)
1~5단
- 램스울 실 두 겹으로 사슬뜨기 27코로 시작코를 만든다.
- 편물을 뒤집어가며 5단까지 짧은뜨기를 뜬다.

6~16단
- 짧은뜨기 3개 – 사슬 2개 – 짧은뜨기 17개 – 사슬 2개 – 짧은뜨기 3개를 한다.
- 짧은뜨기를 10단 뜬다.

17~20단
- 짧은뜨기 3개 – 사슬 2개 – 짧은뜨기 17개 – 사슬 2개 – 짧은뜨기 3개를 한다.
- 짧은뜨기를 3단 뜬다.

21단
- 짧은뜨기 1단을 뜨는데 양끝은 짧은뜨기 2코 모아뜨기*를 한다.
- 처음 사슬뜨기한 변을 제외하고 세 변을 짧은뜨기로 둘러준다.(모서리만 1코씩 증가)
- 편물을 연결할 실을 1m 남기고 자른다.
- 같은 방법으로 상단 편물을 하나 더 만든다.

짧은뜨기 2코 모아뜨기는
두 코에 걸쳐 바늘에 실을 한 번씩 걸고,
걸려있는 실을 한 번에 빼낸다.

편물 연결하기
- 가방 모서리 4곳을 단수링으로 표시한다.
- 편물의 접어 가방 위에 끼우고, 마지막 단에서 1단 아래를 돗바늘로 홈질하듯 꿰맨다.
- 가방 반대쪽도 같은 방법으로 편물을 연결한다.

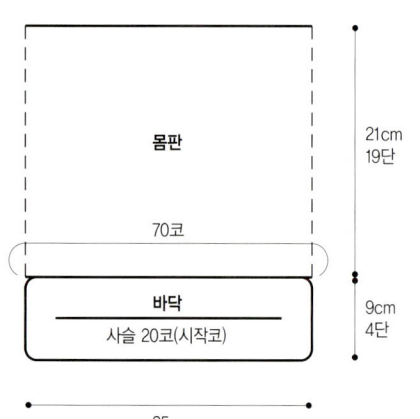

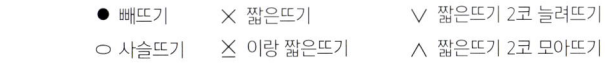

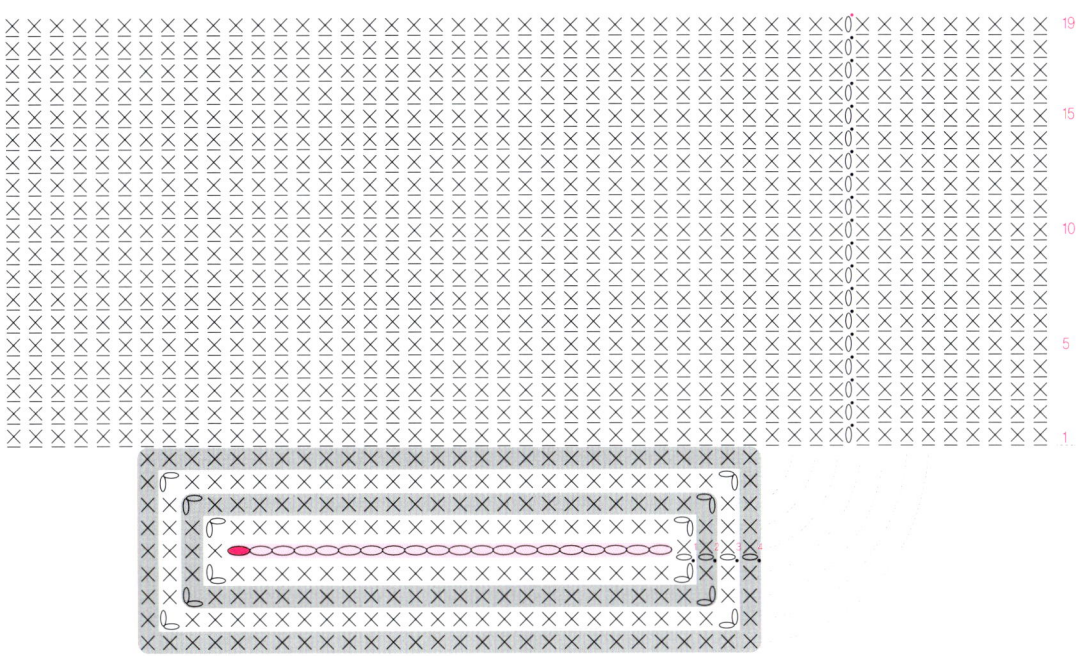

상단 편물

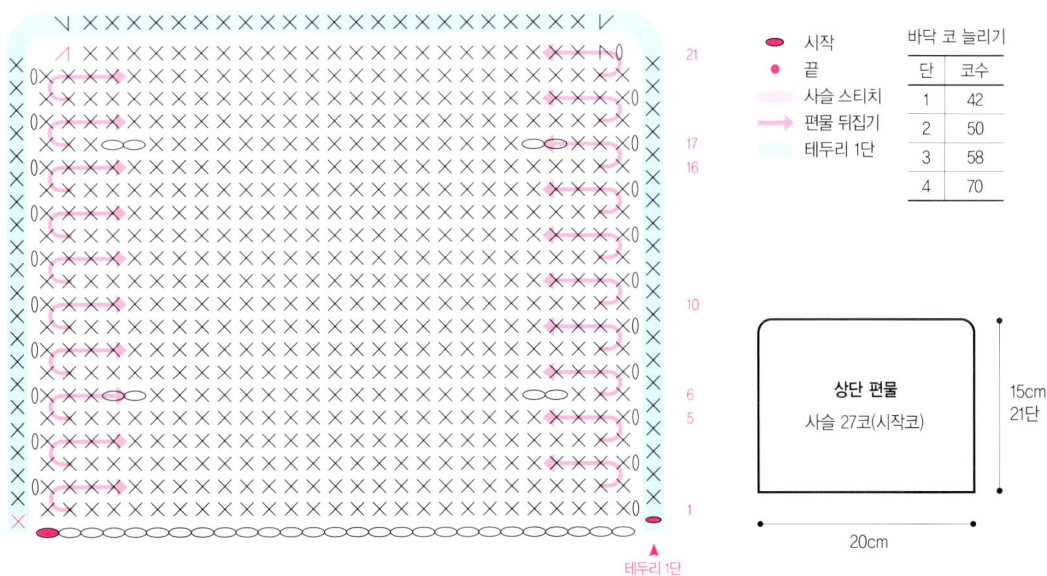

단	코수
1	42
2	50
3	58
4	70

바닥 코 늘리기

상단 편물
사슬 27코(시작코)

15cm 21단
20cm

핸들 뜨기

- 가방끈 뜰 길이의 3배 정도(3.5m) 남기고 스레드끈을 뜬다.
- 끈을 접힌 편물 윗구멍과 몸판에 끼우고 양쪽 길이를 맞춰 매듭 짓는다.

와이드 스트라이프 바게트백

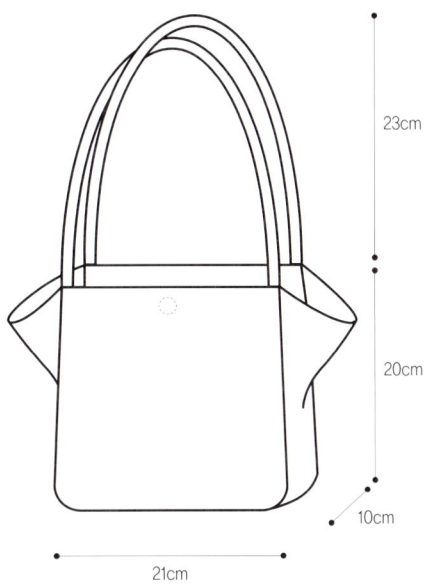

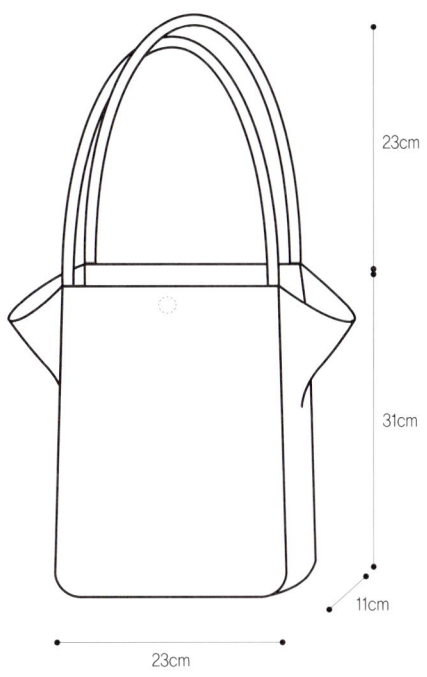

Small

실	얀파스타 메인 1볼, 콤비A 1볼, 콤비B 30g, 코튼코드 30g
코바늘	코바늘 10/0호
사이즈	가로 21 x 세로 20cm, 폭 10cm, 핸들 23cm
부자재	바닥 보강 네트망, 플라스틱 자석

Large

실	얀파스타 메인 2볼, 콤비A 1.5볼, 콤비B 60g, 코튼코드 60g
코바늘	코바늘 10/0호
사이즈	가로 23 x 세로 31cm, 폭 11cm, 핸들 23cm
부자재	바닥 보강 네트망, 플라스틱 자석

How to make
와이드 스트라이프 바게트백 – Small

몸판 뜨기
1~18단
- 사슬뜨기 21개로 시작코를 만든다. 사슬 하나(기둥코) 하고 짧은뜨기를 1단 뜬다. 편물을 뒤집어가며 짧은뜨기로 18단까지 뜬다.
- 마지막 단을 제외하고 세 변을 짧은뜨기로 둘러준다.
- 단과 단 사이 표시한 곳에 콤비 A실과 코튼코드 실로 1단씩 빼뜨기하여 스트라이프 무늬를 낸다.
- 같은 방법으로 몸판을 하나 더 뜬다.(앞뒤판 2장 필요)

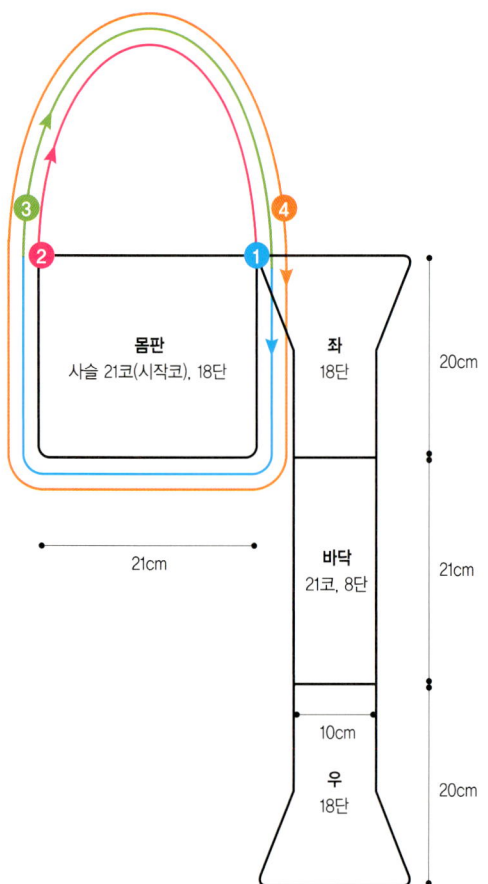

바닥 뜨기(콤비 A실)
1~8단
- 사슬뜨기 21개로 시작코를 만든다.
- 편물을 뒤집어가며 짧은뜨기로 8단 뜬다.

바닥 보강하기
- 플라스틱 네트망을 사이즈에 맞게 잘라서
- 봉제용 실과 바늘로 꿰매어 고정시킨다.

옆면 뜨기(콤비 A실)
1~10단
- 바닥에서 8코를 주워서 편물을 뒤집어가며 짧은뜨기로 10단 뜬다.

11~18단
- 11단부터 18단까지 홀수 단에서 처음 코와 마지막 코만 짧은뜨기 2코 늘려뜨기 한다.(홀수 단마다 2코씩 증가, 마지막 단 16코)
- 반대쪽 옆면도 같은 방법으로 뜬다.

연결과 핸들(콤비 A실)
- ❶ 몸판 1번에 연결해서 핸들 사슬 55코를 뜨고 2번에 연결한다.
- ❷ 몸판 앞판과 옆면(좌) – 바닥 – 옆면(우)에 이어지는 부분을 짧은뜨기로 연결한다.
- ❸ 핸들을 짧은뜨기로 1단 뜬다.
- ❹ 몸판과 옆면, 바닥 연결 부분과 핸들까지 전체적으로 빼뜨기를 1단 뜬다.
- 몸판 뒷판도 같은 방법으로 연결한다.

자석 단추 달기
- 원판 중앙에 위치를 잡고 봉제용 실과 바늘로 꿰매어 단다.

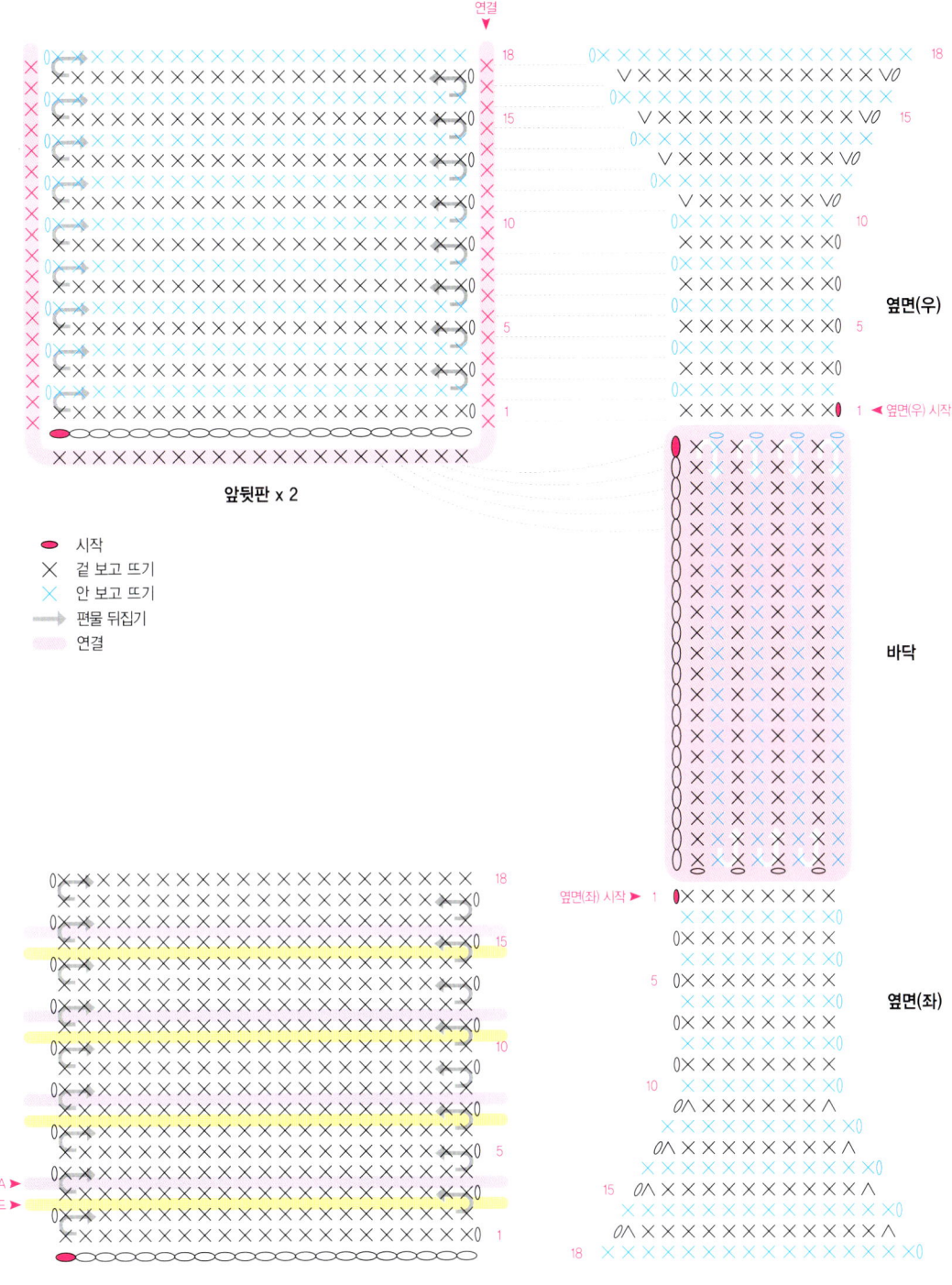

How to make
와이드 스트라이프 바게트백 – Large

몸판 뜨기
1~28단
- 사슬뜨기 22개로 시작코를 만든다. 사슬 하나(기둥코) 하고 짧은뜨기를 1단 뜬다. 편물을 뒤집어가며 짧은뜨기로 28단까지 뜬다.
- 마지막 단을 제외하고 세 변을 짧은뜨기로 둘러준다.
- 단과 단 사이 표시한 곳에 콤비 A실과 코튼코드 실로 1단씩 빼뜨기하여 스트라이프 무늬를 낸다.
- 같은 방법으로 몸판을 하나 더 뜬다.(앞뒤판 2장 필요)

바닥 뜨기(콤비 A실)
1~10단
- 사슬뜨기 22개로 시작코를 만든다.
- 편물을 뒤집어가며 짧은뜨기로 10단 뜬다.

바닥 보강하기
- 플라스틱 네트망을 사이즈에 맞게 잘라서
- 봉제용 실과 바늘로 꿰매어 고정시킨다.

옆면 뜨기(콤비 A실)
1~20단
- 바닥에서 10코를 주워서 편물을 뒤집어가며 짧은뜨기로 20단 뜬다.

21~28단
- 21단부터 28단까지 홀수 단에서 처음 코와 마지막 코만 짧은뜨기 2코 늘려뜨기 한다.(홀수 단마다 2코씩 증가, 마지막 단 18코)
- 반대쪽 옆면도 같은 방법으로 뜬다.

연결과 핸들(콤비 A실)
- ❶ 몸판 1번에 연결해서 핸들 사슬 55코를 뜨고 2번에 연결한다.
- ❷ 몸판 앞판과 옆면(좌) – 바닥 – 옆면(우)에 이어지는 부분을 짧은뜨기로 연결한다.
- ❸ 핸들을 짧은뜨기로 1단 뜬다.
- ❹ 몸판과 옆면, 바닥 연결 부분과 핸들까지 전체적으로 빼뜨기를 1단 뜬다.
- 몸판 뒷판도 같은 방법으로 연결한다.

자석 단추 달기
- 원판 중앙에 위치를 잡고 봉제용 실과 바늘로 꿰매어 단다.

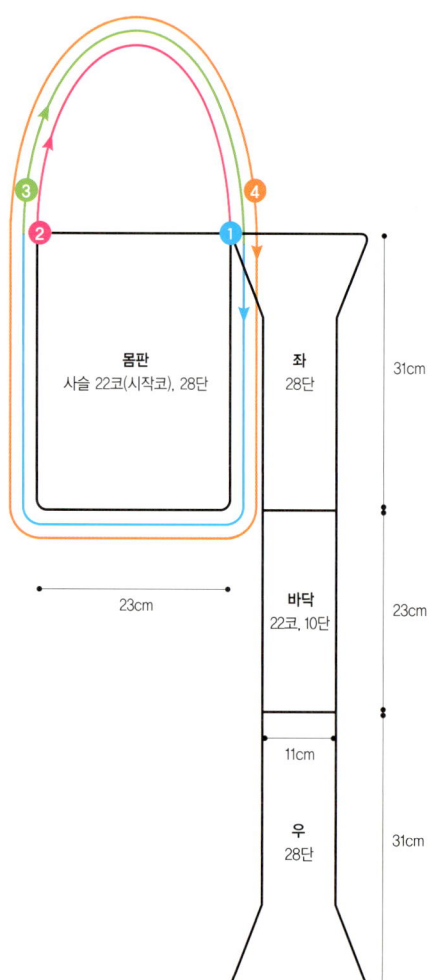

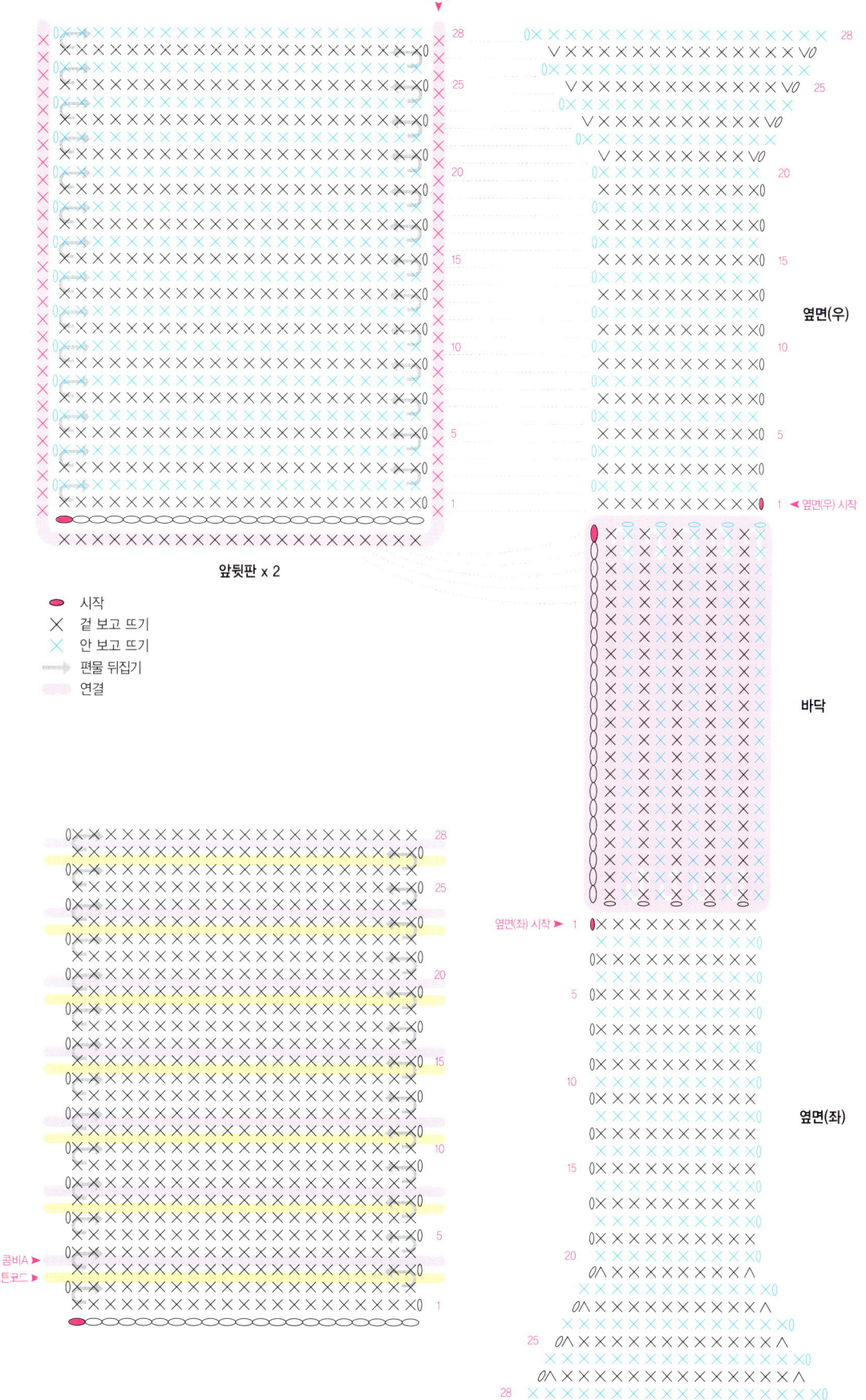

플랜투웨이백
몸판 뜨기

옆면과
연결하기

플랜백

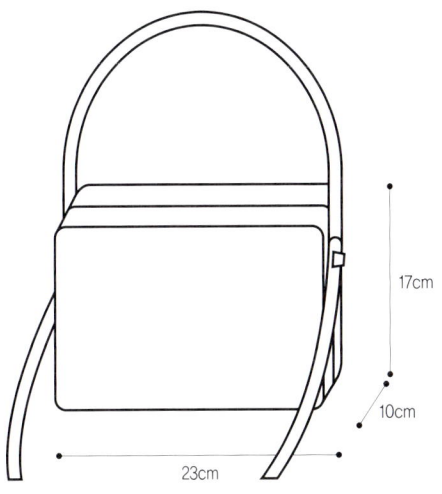

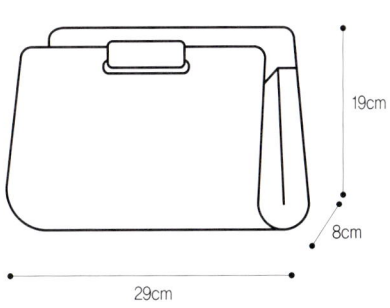

플랜투웨이백

실	얀파스타 2볼
코바늘	코바늘 10/0호
사이즈	가로 23 x 세로 17cm, 폭 10cm
부자재	2way 가죽스트랩

플랜클러치

실	얀파스타 2볼
코바늘	코바늘 10/0호
사이즈	가로 29 x 세로 19cm, 폭 8cm
부자재	소가죽 손잡이커버, 바닥 보강판

How to make
플랜투웨이백

몸판 뜨기
1단
- 사슬뜨기 54개로 시작코를 만든다.
사슬 하나(기둥코)를 뜬다.
윗코 한 가닥만 걸고 이랑 빼뜨기*로 1단 뜬다.

2~6단
- 사슬 하나(기둥코) 하고 편물을 뒤집는다.
첫코의 뒷코 한 가닥에만 실을 걸어 빼뜨기 한다.
- 이랑 빼뜨기를 1단 뜬다.
- 반복하여 편물을 돌려가며 6단까지 뜬다.

7단
- 사슬 3개(기둥코) 하고 편물을 뒤집는다. 첫코의 뒷코 한 가닥에만 실을 걸어 한길긴뜨기 한다.
이랑 한길긴뜨기를 1단 뜬다.

8~12단
- 사슬 하나(기둥코) 하고 편물을 뒤집는다.
이랑 빼뜨기를 1단 뜬다.
- 반복하여 편물을 뒤집어가며 이랑 빼뜨기를 12단까지 뜬다.(이랑 빼뜨기만 5단)

13단
- 사슬 3개(기둥코)를 하고 편물을 뒤집는다. 이랑 한길긴뜨기*를 1단 뜬다.

14~31단
- 이랑 빼뜨기와 이랑 한길긴뜨기를 반복하여, 편물을 돌려가며 31단까지 뜬다.(처음과 마지막만 이랑 빼뜨기 6단, 중간의 이랑 빼뜨기는 5단씩)

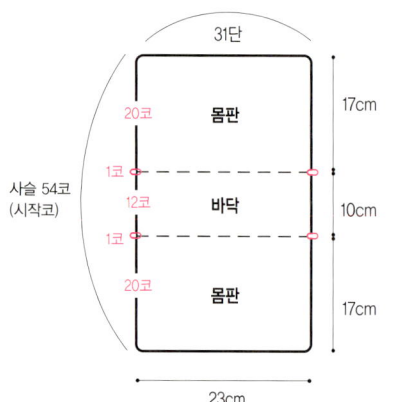

옆면 뜨기
1단
- 몸판 처음 단과 마지막 단, 양옆에서 21번째 코를 단수링으로 표시한다.(ㄷ자로 옆면이 세워짐)
- 표시한 코에 사슬 하나(기둥코) 하고, 다음 코부터 뒤걸어 짧은뜨기*를 20개 한다. 다음 모서리부터는 짧은뜨기를 25개 뜨고, 또 다음 모서리부터는 다시 뒤걸어 짧은뜨기를 20개 한다.

2~7단
- 사슬 하나(기둥코)를 하고 편물을 뒤집는다. 이랑 빼뜨기를 1단 뜬다. 반복하여 편물을 뒤집어가며 이랑 빼뜨기를 7단까지 뜬다.
(이랑 빼뜨기만 6단)
- 반대쪽도 뒤걸어 짧은뜨기 1단, 이랑 빼뜨기 6단으로 옆면을 세운다.

몸판에 옆면과 밑면 연결하기
- 몸판을 반으로 접어 옆면끼리 코가 맞게 놓고, 가방 아래에서 위로 빼뜨기 한다.
- 사슬 하나 하고, 옆면 오른쪽과 왼쪽 첫코에 바늘을 넣고 실을 감아 한 번에 빼낸다.
- 오른쪽 코, 왼쪽 코 순서대로 바늘에 끼우고 빼뜨기를 20개 한다.
- 옆면 첫코와 밑면의 마주보는 코 한 가닥에 바늘을 넣고 새 실을 걸어 빼뜨기 한다.
- 두 코 한 가닥씩만 바늘에 걸고 빼뜨기를 10개 한다.

스트랩 달기
- 긴 끈과 짧은 끈 두개를, 짧은 끈이 뒤로 가도록 겹치고 구멍에 고정나사를 끼운다.
- 옆면 가운데, 위에서 4번째 코에 고정나사를 끼우고 가방 안쪽에서 돌려 잠근다.

이랑 빼뜨기는 뒷코 한 가닥만 걸고 빼뜨기 한다.
이랑 한길긴뜨기는 뒷코 한 가닥만 걸고 한길긴뜨기 한다. 한길긴뜨기의 기둥코는 사슬 3개의 높이와 같다. 단 올라갈 때마다 항상 기둥코를 세우고 편물을 뒤집는다.
뒤걸어 짧은뜨기는 아래 단의 기둥을 뒤쪽으로 걸어 짧은뜨기와 같은 요령으로 뜬다. 수직으로 꺾어 올라가기 때문에 편물의 각을 세우는 데 유용하다.

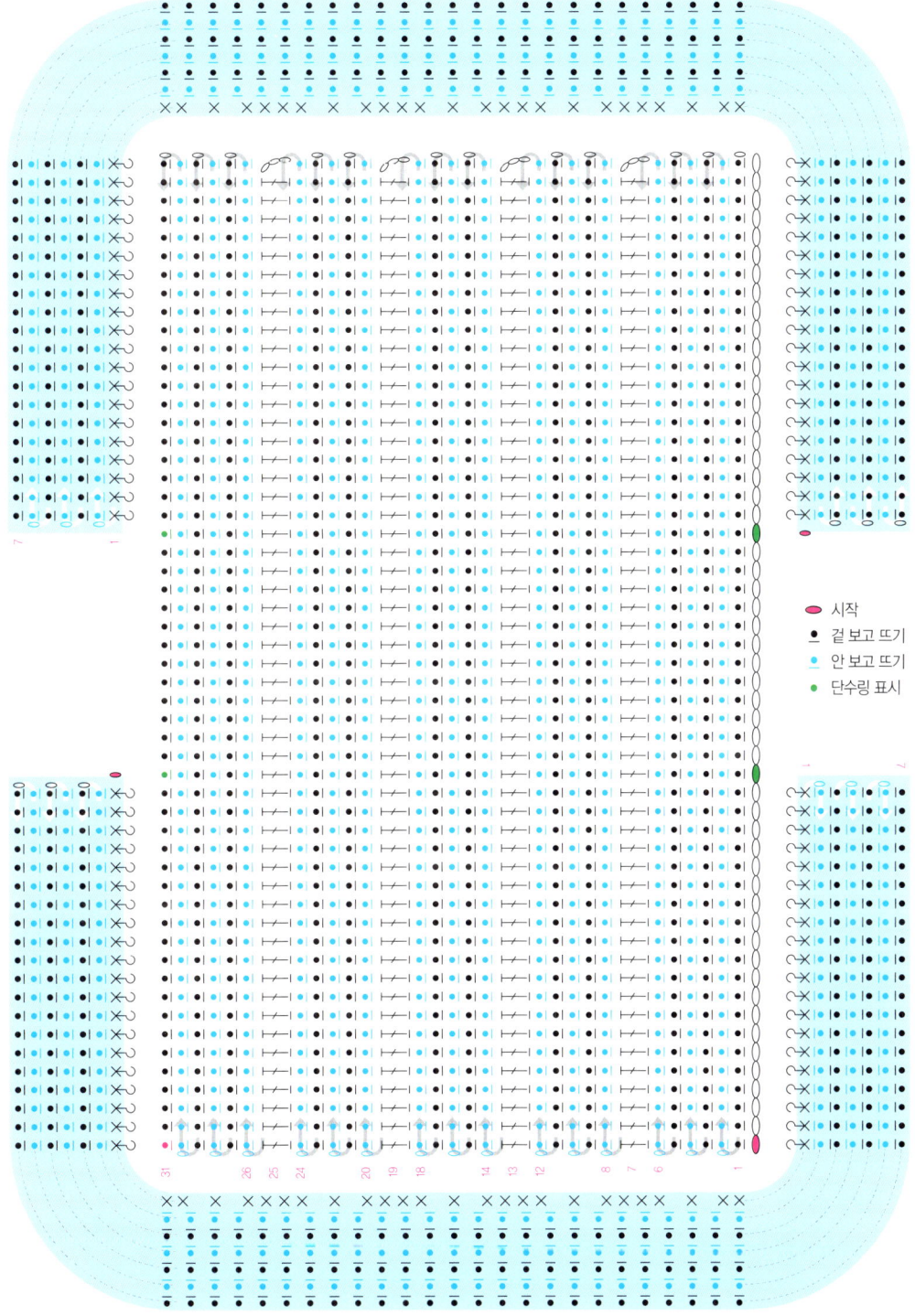

How to make
플랜클러치

몸판 뜨기
1단
- 사슬뜨기 40개로 시작코를 만든다. 윗코 한 가닥만 걸고 이랑 빼뜨기를 1단 뜬다.

2~6단
- 첫코의 뒷코 한 가닥에만 실을 걸어 빼뜨기 한다.
- 이랑 빼뜨기를 1단 뜬다. 반복하여 편물을 뒤집어가며 6단까지 뜬다.

7단
- 첫코의 뒷코 한 가닥에만 실을 걸어 한길긴뜨기 한다. 이랑 한길긴뜨기를 1단 뜬다.

8~12단
- 이랑 빼뜨기를 1단 뜬다. 반복하여 편물을 뒤집어가며 빼뜨기를 12단까지 뜬다.(빼뜨기만 5단)

13단
- 이랑 한길긴뜨기를 1단 뜬다.

14~37단
- 이랑 빼뜨기와 이랑 한길긴뜨기를 반복하여, 편물을 뒤집어가며 37단까지 뜬다.(처음과 마지막만 이랑 빼뜨기 6단, 중간의 이랑 빼뜨기는 5단씩)

가방 상단 뜨기
1단
- 편물을 뒤집어 단과 단 사이 30코를 주워 짧은뜨기를 1단 뜬다.

2단
- 짧은뜨기 9개 - 사슬 12개 - 짧은뜨기 9개를 뜬다.

3~4단
- 짧은뜨기를 2단 더 뜬다.

5단
- 마지막 단은 빼뜨기로 1단 뜬다.
- 편물 반대쪽도 상단 5단을 올린다.

옆면 뜨기
1~3단
- 사슬뜨기 15개로 시작코를 만든다. 짧은뜨기를 1단 뜬다.
- 이랑 빼뜨기 15개 - 사슬 1개 - 이랑 빼뜨기 1개 - 사슬 1개 - 이랑 빼뜨기 15개를 한다.
- 이랑 빼뜨기 15개 - 사슬 1개 - 이랑 빼뜨기 3개 - 사슬 1개 - 이랑 빼뜨기 15개를 한다.

4~7단
- 편물을 뒤집어가며 중간 빼뜨기가 11개가 될 때까지 7단까지 뜬다.

연결하기
- 몸판과 옆면 2개를 연결한다.
- 가방 상단 아래부터 반대쪽까지 돗바늘로 홈질하듯 꿰맨다.

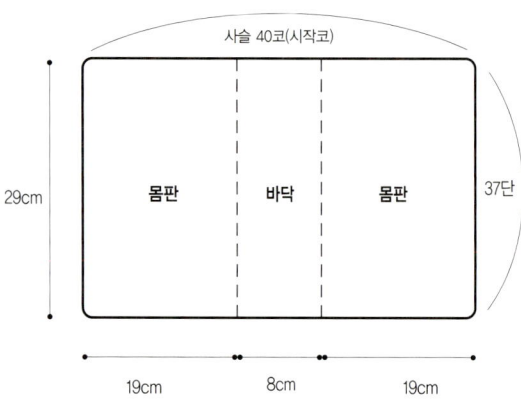

- ● 빼뜨기　✕ 짧은뜨기　● 이랑 빼뜨기
- ○ 사슬뜨기　┃ 이랑 한길긴뜨기

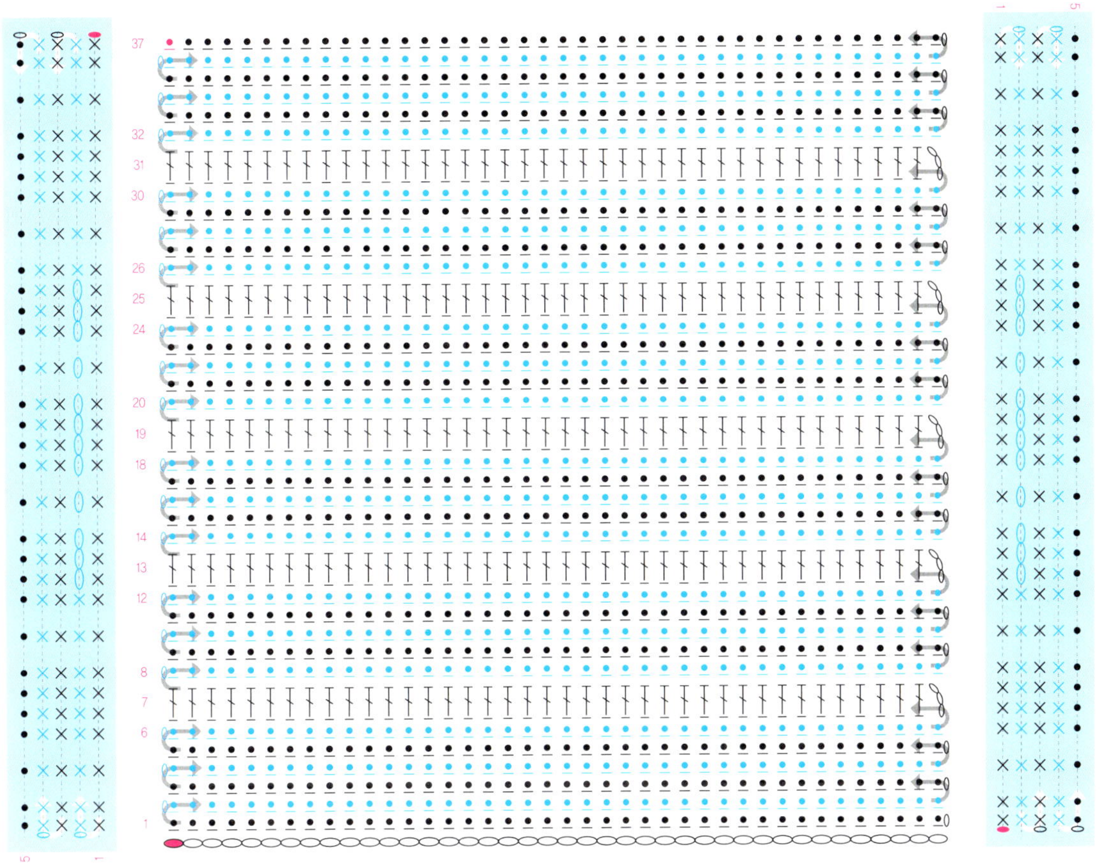

● 시작
● 겉 보고 뜨기
● 안 보고 뜨기
　가방 상단

옆면

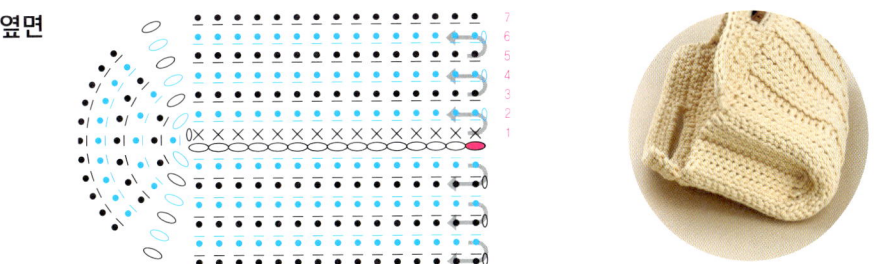

팝콘 버킷백

실	얀파스타 메인 2볼, 콤비A 0.5볼
코바늘	코바늘 10/0호
사이즈	지름 33cm, 높이 35cm, 핸들 28cm
부자재	바닥 보강 원형 평판, 조임끈

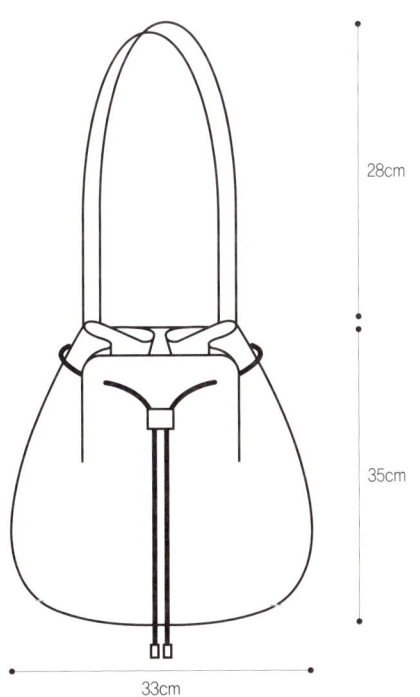

How to make
팝콘버킷백

바닥 뜨기
1~10단
- 매직링에 짧은뜨기 6코로 시작코를 만든다.
- 1단에 6코씩 늘려가며 10단까지 원형 바닥을 뜬다.(총 60코)

바닥 보강하기
- 원형 평판을 사이즈에 맞게 잘라서 봉제용 실과 바늘로 꿰매어 고정시킨다.

몸판 뜨기
1단
- 한길긴뜨기로 60코를 뜬다.

2단(팝콘 무늬 콤비 A실)
- 한길긴뜨기 2코를 뜨고 팝콘뜨기를 한 후, 6코에 1개씩 팝콘뜨기를 반복하여 팝콘 무늬가 총 10개가 되도록 한다.(팝콘 무늬는 콤비 A실로 뜬다)

3~4단
- 한길긴뜨기를 2단 뜬다.

5단(팝콘 무늬 콤비 A실)
- 실을 바꿔가며 [한길긴뜨기 5개 – 팝콘뜨기* 1개]를 10번 반복한다.

몸판 뜨기
6~7단
- 한길긴뜨기를 2단 뜬다.

8단(팝콘 무늬 콤비 A실)
- 실을 바꿔가며 [한길긴뜨기 5개 – 팝콘뜨기 1개]를 10번 반복한다.

9~10단
- 한길긴뜨기를 1단 뜬다.
- 한길긴뜨기 5개에 한 코씩 앞걸어 한길긴뜨기* 10개를 한다.

11단
- 앞걸어 한길긴뜨기 다음 코에 1코씩 늘려서 10코를 늘린다.(총 70코)

12~13단
- 코늘림 없이 5개에 한 코씩 앞걸어뜨기를 2단 뜬다.

핸들 뜨기
- 꼬리실을 40cm 남기고, 사슬 70개를 뜬 후 기둥코를 뜬다.
- 빼뜨기를 6단 뜬 후 꼬리실을 40cm 남긴다.
- 손잡이를 몸판 양쪽 옆면에 돗바늘로 꿰매어 단다.

조임끈 끼우기
- 마지막 단에서 1단 아래, 한길긴뜨기 사이에 조임끈을 끼운다.

한길긴뜨기 5코 팝콘뜨기는
한 코에 한길긴뜨기를 5개 하고, 바늘을 빼서 첫 번째 코에 넣고 마지막 코를 첫 번째 코 안쪽으로 걸어 빼낸다.

앞걸어 한길긴뜨기는
아래 단의 기둥을 앞쪽으로 걸어 한길긴뜨기와 같은 요령으로 뜬다.

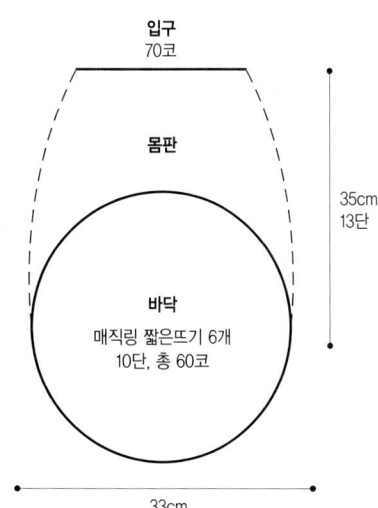

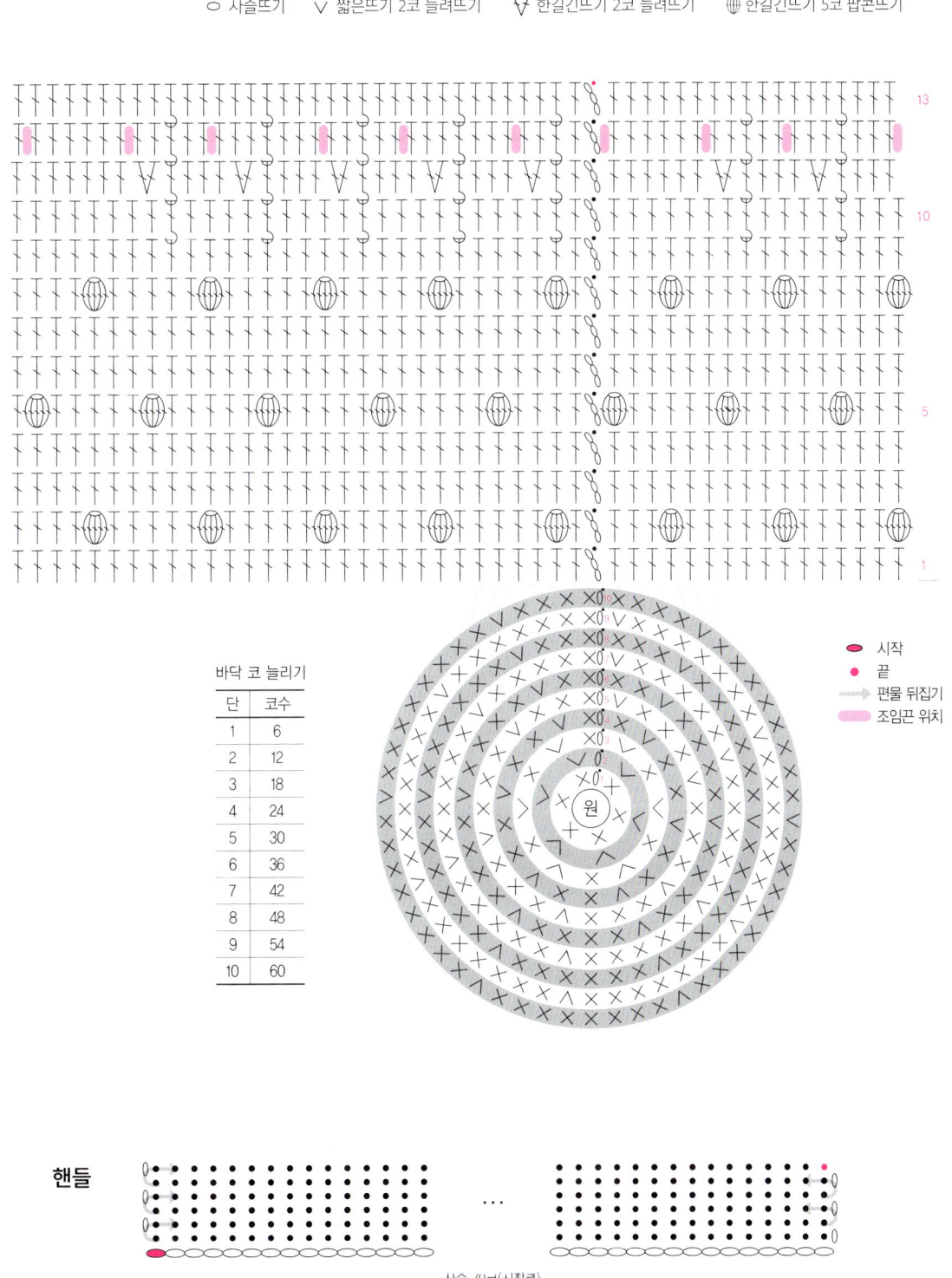

세모네트뜨기

V라인과 끈

세모네트백

실 얀파스타 3볼
코바늘 코바늘 10/0호
사이즈 가로 38 x 세로 58cm

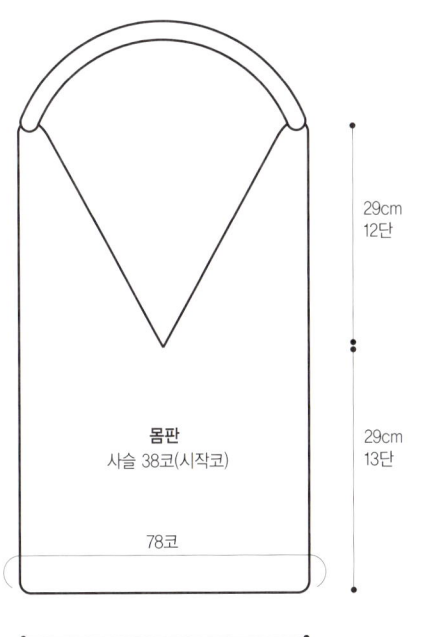

몸판
사슬 38코(시작코)
78코
38cm
29cm 12단
29cm 13단

How to make
세모네트백

몸판 뜨기
1단
- 사슬뜨기 38개로 시작코를 만든다.
- 사슬 3개(기둥코) 하고 한길긴뜨기를 1단 뜬다. 양끝 코는 한길긴뜨기 3개씩 한다.(총 78코)

2단
- 사슬 3개(기둥코) 하고 짧은뜨기 1개, 한길긴뜨기 1개 한다. 2코 건너뛰고 짧은뜨기 1개 한다.
- [사슬 3개 – 짧은뜨기 1개 – 한길긴뜨기 1개 – 2코 띄고 짧은뜨기 1개]로 반복하여 1단을 뜬다.

3단
- 다음 단을 뜨기 전에 사슬에 하나씩 빼뜨기 2번, 짧은뜨기 1번 하여 시작코 위치를 옮긴다.
- [사슬 3개 – 짧은뜨기 1개 – 한길긴뜨기 1개 – 짧은뜨기 1개]로 반복하여 1단을 뜨고 빼뜨기로 마무리 한다.

4~13단
- 과정 2를 반복하여 13단까지 뜬다.

V라인 손잡이(왼쪽)
2단
- 빼뜨기를 2번 하고 [사슬 3개 – 짧은뜨기 1개 – 한길긴뜨기 1개 – 짧은뜨기 1개]로 세모를 12번 뜬다.

3단
- 빼뜨기를 2번 하고 편물을 뒤집고, 세모 윗코에 짧은뜨기 한다.
- [사슬 3개 – 짧은뜨기 1개 – 한길긴뜨기 1개 – 짧은뜨기 1개]로 세모를 11번 뜬다.
- 짝수단 마지막에서 빼뜨기 코가 겉에서 보이도록 뒤로 2번 뜨고 편물을 뒤집어 짧은뜨기 한다.

V라인 손잡이(왼쪽)
4~11단
- 과정 1, 2를 반복하여 23단까지 뜬다. 세모가 3개 남을 때까지 뜬다.(1단 올라갈 때마다 세모가 하나씩 줄어든다.)

12단
- 빼뜨기를 2번 하고, 세모 윗코에 짧은뜨기 한다.
- 사슬 3개 – 짧은뜨기 1개 – 사슬 3개 – 짧은뜨기 1개 를 뜬다.

V라인 손잡이(오른쪽)
2~12단
- 손잡이 2단 중앙, 세모 끝에 새로 실을 건다.
- 반대편도 편물을 돌려가며 몸판이 V자 대칭이 되도록 뜬다.

핸들 뜨기
1단
- 사슬에 짧은뜨기를 3개씩 한다.(총 6코)

2~12단
- 편물을 뒤집고, 사슬 하나(기둥코) 하고 짧은뜨기를 6개 한다.
- 편물을 뒤집어가며 21단까지 뜬다.
- 반대편 몸판과 끈을 겉면끼리 마주대고 짧은뜨기로 연결한다.
- 실을 50cm 정도 남기고 자른다.
- 끈을 길게 반으로 접어 두 겹으로 만든 후, 돗바늘로 꿰맨다.

손잡이를 길게 반으로 접어 꿰매면, 편물이 두 겹이 되어 도톰하고 튼튼해진다.

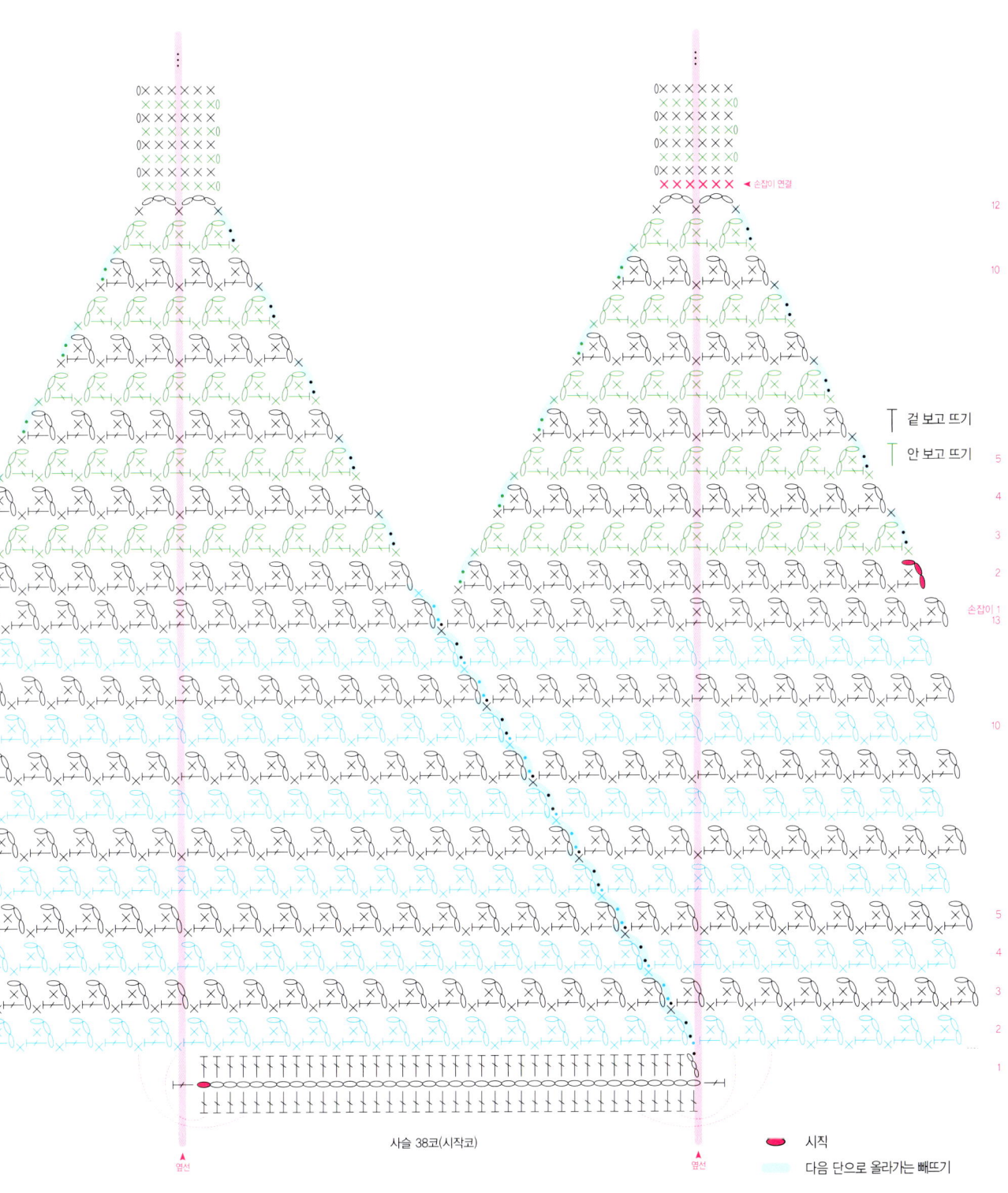

애니 숄더백

실	코튼코드 메인 1볼, 콤비A 1볼
코바늘	코바늘 7/0호
사이즈	가로 33 x 세로 29cm, 폭 15cm
부자재	크로커통가죽 사각 바닥, 핸들 자석 입구띠

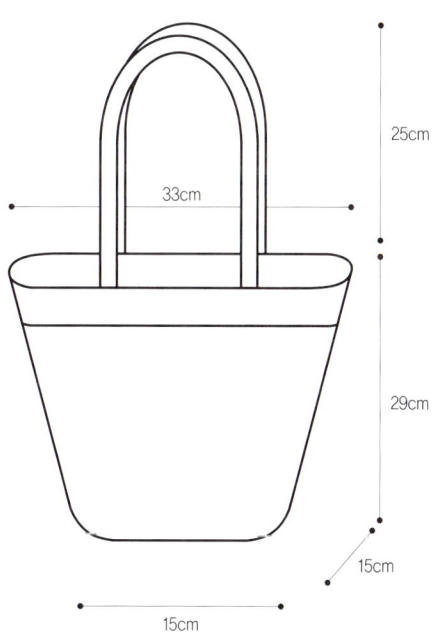

How to make
애니숄더백

바닥 뜨기
1단(메인실)
- 사각 바닥 모서리 구멍에 실을 건다. 사슬 하나(기둥코) 하고 구멍 하나에 짧은뜨기를 2개씩 떠서 시작코를 만든다.(총 40코)

몸판 뜨기
2~4단(메인실)
- 짧은뜨기를 3단 뜬다.

5단(콤비 A실)
- 콤비 A실로 사슬 하나(기둥코)를 뜬다. 짧은뜨기 1개 하고, 1단 아래 1코 뒤에 사선 겹모아뜨기*를 한다.
- [짧은뜨기 1개 - 사선 겹모아뜨기 1개]를 반복하여 1단을 뜬다.

6~35단
- 메인실로 짧은뜨기 1단, 콤비 A실로 사선 겹모아뜨기 1단을 반복하여 35단까지 올린다.(2단마다 무늬뜨기가 반복된다. 총 30단)

36~41단(메인실)
- 짧은뜨기를 6단 뜬다.

42단(메인실)
- 마지막은 빼뜨기 1단으로 마무리한다.

입구 마무리
- 핸들 자석 입구띠를 36, 37단 사이와 마지막 빼뜨기 단 아래에 돗바늘로 꿰매어 고정한다.

사선 겹모아뜨기는
아래 단의 한 코 뒤에 먼저 바늘을 넣고 실을 끌어올린 후, 원래 코에 넣어 짧은뜨기 한다.

● 빼뜨기   ○ 사슬뜨기   V 짧은뜨기 2코 늘려뜨기
X 짧은뜨기   ƚ 겹모아뜨기

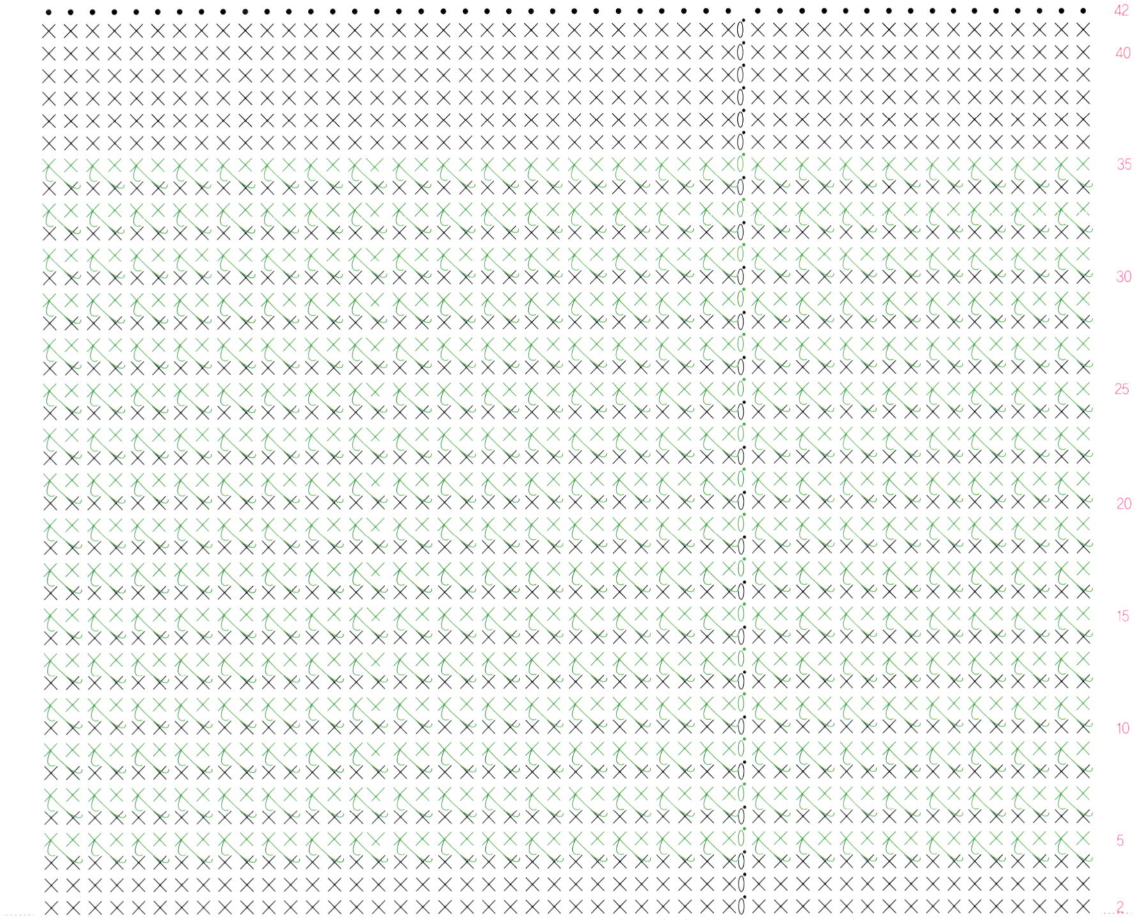

● 시작
X 메인실
X 콤비 A
V 바닥 짧은뜨기

How to make
애니클러치

바닥 뜨기
1~34단(메인실)
- 사슬뜨기 7코로 시작코를 만든다.
- 사슬 하나(기둥코) 하고 짧은뜨기로 1단 뜬다.
- 편물을 뒤집어가며 짧은뜨기를 34단까지 뜬다.

테두리
- 바닥 테두리를 짧은뜨기로 한 바퀴 뜬다. 모서리 네 곳은 1코씩 늘린다.(총 86코)

바닥 보강하기
- 플라스틱 네트망을 사이즈에 맞게 잘라서 봉제용 실과 바늘로 꿰매어 고정시킨다.

겹짧은뜨기는
1단 아래 코에 바늘을 넣고 실을 끌어올려 짧은뜨기 한다.

지퍼아대와 바닥 보강판을 위 아래로 꿰매어 파우치 사각 형태가 잘 잡힌다.
지퍼아대 가죽에 구멍을 내어 손쉽게 달 수 있도록 만들었다.

몸판 뜨기
1단(메인실)
- 짧은뜨기를 1단 뜬다.

2단(콤비 A실)
- 콤비 A실로 사슬 하나(기둥코) 하고, 짧은뜨기 1개 한다. 1단 아래 1코 뒤에 겹짧은뜨기*를 한다.
- [짧은뜨기 1개 – 겹짧은뜨기 1개]를 반복하여 1단을 뜬다.

3~24단
- 1, 2단을 반복하여 24단까지 올린다. 2단마다 무늬뜨기가 반복된다.

25~30단(메인실)
- 짧은뜨기를 5단 올린다.
- 마지막 단은 빼뜨기로 1단 뜬다.

입구 지퍼아대 달기
- 지퍼아대를 빼뜨기 단 아래에 돗바늘로 꿰맨다.

● 빼뜨기　○ 사슬뜨기　✕ 짧은뜨기　∪ 겹짧은뜨기

실　코튼코드 메인 1볼,
　　　콤비A 0.5볼
코바늘　코바늘 7/0호
사이즈　가로 29 x 세로 21cm, 폭 5cm
부자재　바닥 보강 네트망, 통가죽 지퍼아대

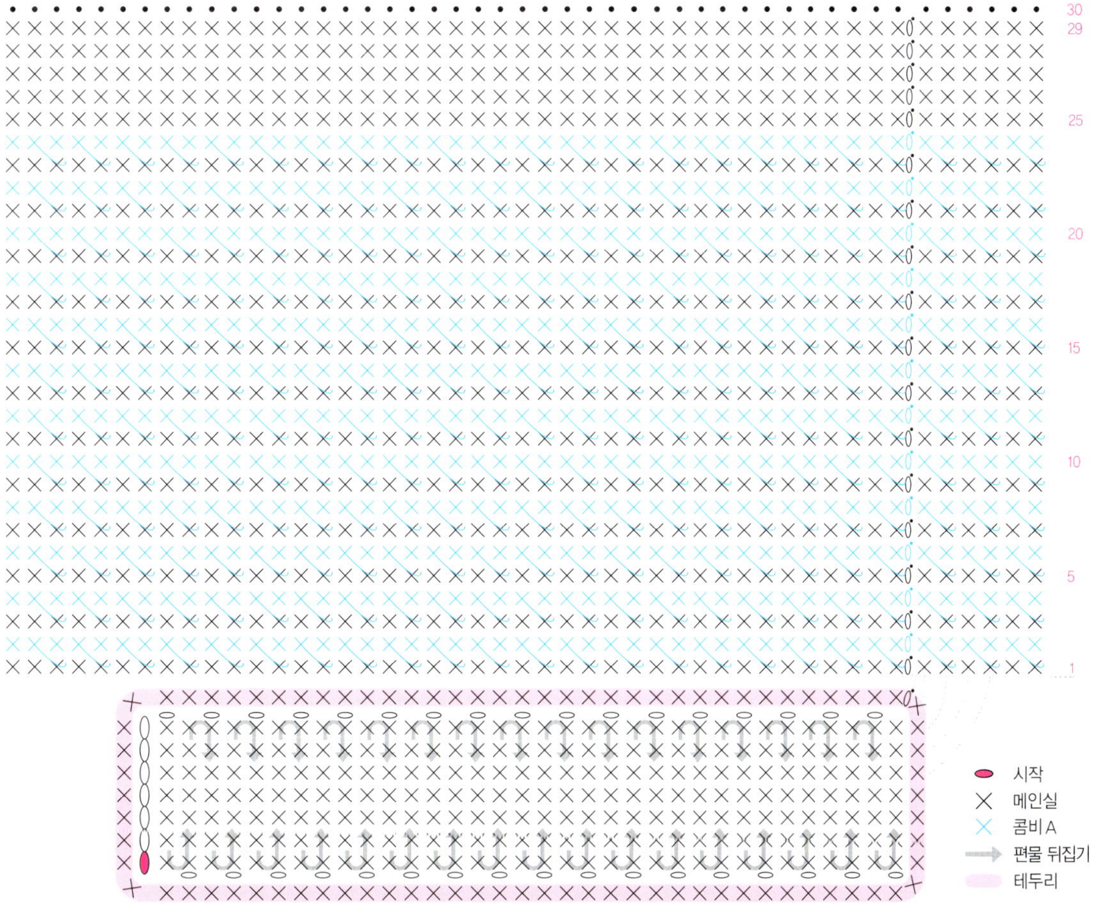

● 시작
✕ 메인실
✕ 콤비 A
→ 편물 뒤집기
▨ 테두리

쁘띠마르쉐백

실	이코드7 1볼
코바늘	코바늘 8mm
사이즈	가로 27 x 세로 28cm, 폭 10cm
부자재	면로프 1.5m

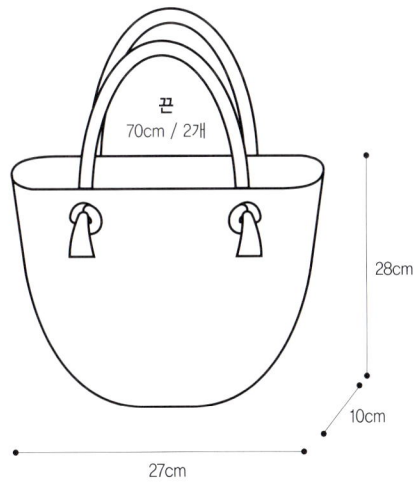

끈 70cm / 2개
28cm
10cm
27cm

How to make
쁘띠마르쉐백

바닥 뜨기

1~4단
- 실을 검지에 두번 감아 매직링을 만든다. 매직링에 짧은뜨기 8코로 시작코를 만든다.
- 1단에 8코씩 늘려가며 원형뜨기를 4단까지 뜬다.(총 32코)

5단
- 사슬 하나(기둥코) 하고, 짧은뜨기 7개 하고 코 늘리기를 4번 반복한다.(5단만 4코 증가, 총 36코)

옆면 뜨기

1단
- 18번째, 36번째 코를 단수링으로 표시한다. 짧은뜨기를 1단 뜨다가 표시한 코에 짧은뜨기를 2개 한다.(총 38코)

2~3단
- 코 늘리는 부분 없이 짧은뜨기를 1단 뜬다.
- 짧은뜨기를 1단 뜨다가 반바퀴 코와 마지막 코에서 코를 늘린다.(총 40코)

4~5단
- 2, 3단과 같은 방법으로 뜬다.

6단
- [사슬 3개(기둥코) - 한 코 뒤에 이랑 한길긴뜨기* - 사슬 하나 - 두 코 건너뛰고 이랑 한길긴뜨기 - 한 코 뒤로 가서 이랑 한길긴뜨기]를 반복하여 1단 뜬다.

*이랑 한길긴뜨기*는
뒷코 한 가닥만 걸고 한길긴뜨기 한다.

옆면 뜨기

7단
- 사슬 3개(기둥코) 하고, 이랑 짧은뜨기로 반바퀴 뜨고, 아래 단 위치를 맞춰 이랑 짧은뜨기를 2개 한다.
- 다시 이랑 짧은뜨기로 1단을 마저 뜬다. 12단부터는 두 단에 한 코씩 늘어난다.(총 43코)

8~9단
- 코 늘리는 부분 없이 짧은뜨기를 1단 뜬다.
- 사슬 3개(기둥코) 하고, 짧은뜨기를 1단 뜨고, 마지막 코에서 짧은뜨기를 2개 한다.(총 44코)

10~12단
- 13, 14단과 동일하게 두 단에 한 코씩 코를 늘리며 짧은뜨기 한다.(총 45코)

13단
- 가방끈 끼울 위치를 잡고, 짧은뜨기를 하다가 표시한 코에서 사슬을 하나 뜬다. 마지막 코는 짧은뜨기를 2개 한다.(총 46코)

14단
- 코 늘리는 부분 없이 짧은뜨기를 1단 뜬다.

끈 끼우기
- 면로프를 70cm로 잘라 2개 준비한다.
- 한쪽 끈을 가방 안에서 밖으로 빼고 나온 끈을 매듭 짓는다.
- 묶고 남은 실을 빗겨주며 같은 길이로 자르고 정리한다.

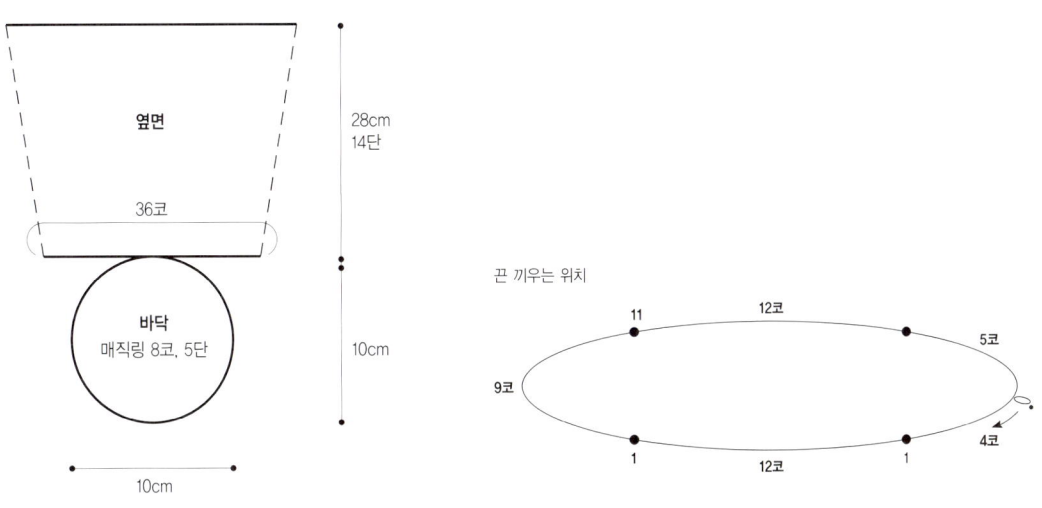

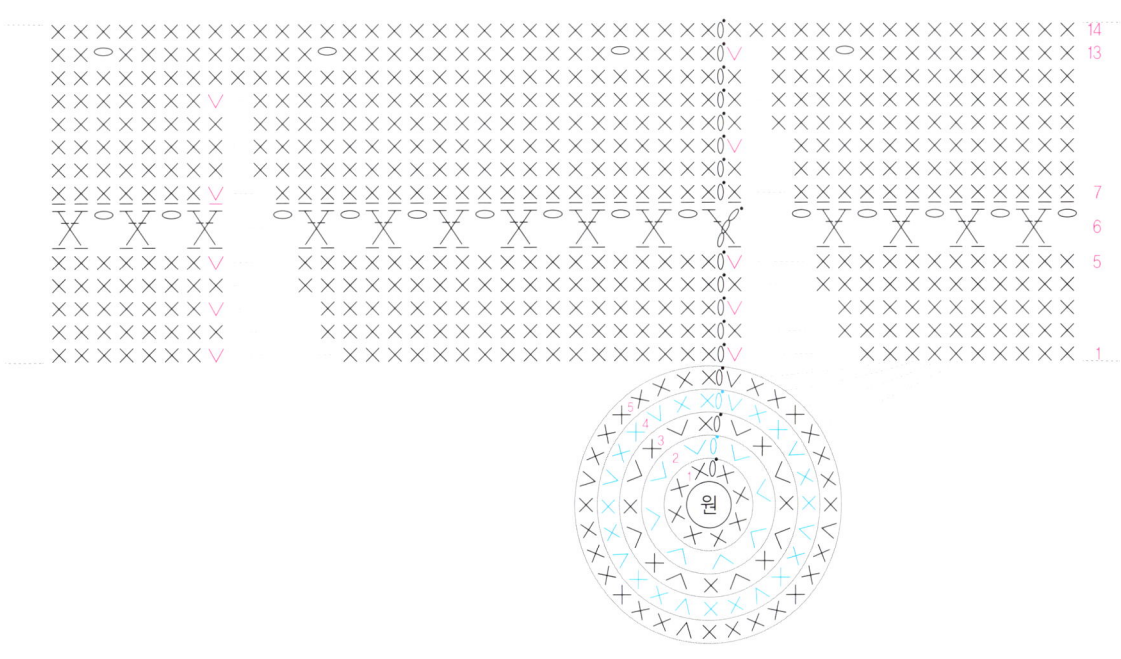

코 늘리기

단수	바닥 1	2	3	4	5	옆면 1	2	3	4	5	6	7	8	9	10	11	12	13	14
코수	8	16	24	32	36	38	38	40	40	42	42	43	43	44	44	45	45	46	46

crochet essay
엄마의 뜨개

엄마는 겨울이면 항상 뜨개질을 하셨다. 내 스웨터를 떠 주시곤 했는데 내가 자라면서 작아진 스웨터를 풀어, 난로 위에서 폴폴 끓고 있던 주전자의 스팀에 실을 펴 다시 떠 주기도 하셨다. 집에서 뜨개질을 하고 있을 엄마를 생각하면 마음이 따뜻해지곤 했다.

내가 아이를 낳으면서 엄마의 뜨개는 손녀를 위한 뜨개가 되었다. 엄마 당신을 위한 뜨개가 아닌, 소박하게 조끼나 모자, 목도리를 떠서 손녀에게 입히고 씌우고 겨울에 춥지 말라며 둘러 주셨다.

언젠가부터 엄마의 뜨개가 멈추었다. 눈도 잘 안보이고 어깨도 아파서 하기 힘들다고 하셨다. 나는 엄마가 다시 뜨개질을 하시기를 바라며 실을 사다 드렸다. 엄마는 뜨개실들을 보며 다시 뜨개질에 흥미를 느끼시는 것 같았다. 그래서 해마다 겨울이면 옷은 힘드니까 모자나 목도리 같은 것을 뜨시도록 실을 사다 드렸다. 치매 예방에 뜨개가 좋다는 것을 굳게 믿으며….

그렇게 몇 년 동안 엄마의 겨울 취미로 뜨개질이 계속되었다. 그사이 아버지가 노환으로 돌아가셨고 엄마는 쉬엄쉬엄 한겨울에 목도리 3개 정도를 뜨셨다. 처음에는 꽈배기 무늬를 넣으며 뜨다가, 두 코 고무뜨기로 뜨다가, 나중에는 계속 겉뜨기만을 반복하는 점점 단순하고 쉬운 뜨기 법으로 바꾸면서 목도리를 뜨고 계셨다.

그러던 어느 날 엄마가 뜨고 계신 목도리가 콧수가 맞질 않아 폭이 넓었다 좁았다 하였다. "이게 왜 이러냐, 나도 이제 다 됐나 보다."라며 낙담하는 엄마에게 "엄마 목도리가 아주 디자인이 유니크 한데, 목도리가 폭이 꼭 같을 필요는 없잖아."라면서 마구 설레발을 쳤다. 엄마는 마지못해 하시면서도 당신이 이마저 손에서 놓으면 안 된다는 생각으로 계속 뜨개를 하셨다. 어느 날 아침, 엄마는 어깨가 몹시 아프다고 하셨다. 병원에 가서 엑스레이를 찍어보니 어깨뼈가 부서져 있었다. 새벽에 화장실에 다녀오다 살짝 넘어졌는데 그만 어깨가 부서진 것이었다. 수술하기 위해 입원하였으나 엄마는 고령이고 신부전이 있어서 마취하다가 문제가 생길 수도 있고 수술 후 예후가 좋지 않을 수 있어 수술을 안 하는 편이 좋겠다고 했다. 팔을 어깨높이까지 올리는 것은 불가능해도 식사 정도는 하실 수 있으니 그 편이 좋을 거라고 했다. 그 후로 엄마는 뜨개질을 하지 못했다.

우리는 누구나 나이가 든다.
오늘 우리의 현란한 뜨개 솜씨도 점점 단순해지고 서툴러질 것이다. 하지만 콧수가 틀려도 끝까지 뜨개를 손에서 내려놓지 못하는 엄마를 보면서 우리에게 뜨개가 어떤 의미인가에 대해서 생각했다.
뜨개는 인생에서 어떤 의미일까? 우리의 육체와 정신이 노화하듯 뜨개도 서툴게 노화한다. 찬란한 젊은 날의 뜨개가 있다면 겸손하고 서툰 노년의 뜨개도 있다. 침침한 눈을 부릅뜨고 콧수를 세고 또 세면서 한 코 한 코 채워 나가는 그래서 늘어나는 목도리를 보면서 '내가 오늘도 살아있구나' 하며 보람을 느끼는 노회한 뜨개도 있다.

How to make

레더필

플리츠 숄더백

실 레더필 2볼
코바늘 9/0호
사이즈 가로 30 x 세로 30cm, 핸들 30cm
부자재 사각 통가죽 와펜

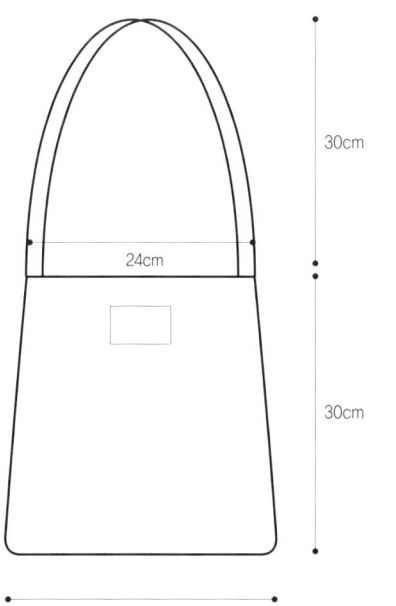

How to make
플리츠숄더백

몸판 뜨기
1단
- 사슬뜨기 72코로 시작코를 만든다.
- 사슬 하나(기둥코) 하고 짧은뜨기 6개, 긴뜨기 27개, 짧은뜨기 6개, 긴뜨기 27개, 짧은뜨기 6개를 한다.

2~26단
- 편물을 뒤집어가며 이랑 짧은뜨기* 6개, 긴뜨기 27개, 이랑 짧은뜨기 6개, 이랑 긴뜨기 27개, 이랑 짧은뜨기 6개를 한다.

이랑 짧은뜨기는
두 가닥의 사슬코에서 뒷코 한 가닥만 걸고 짧은뜨기 한다.

편물 연결하기와 핸들 뜨기
1~2단
- ❶ 실을 이어서 편물을 반으로 접어 겹치는 코에 빼뜨기 하나 하고, 핸들 사슬 85코를 뜬다.
- ❷ 겹치는 코에 빼뜨기 하나 하고, 가방 옆면을 짧은뜨기로 연결한다.
- ❸ 가방 아래에서 위로 빼뜨기를 1단 더 뜬다.
- ❹ 핸들에 짧은뜨기를 1단 뜬다.
- ❺ 가방 옆면을 위에서 아래로 짧은뜨기로 연결한다.
- ❻ 다시 아래에서 위로 옆면을 빼뜨기로 1단 더 뜬다.
- ❼ 핸들을 빼뜨기로 1단 더 뜨고, 겹치는 코에서 마무리한다.
- 실이 남으면 핸들에 빼뜨기를 1단 더 뜬다.

와펜 달기
- 가방 상단 중앙에 봉제용 실과 바늘로 꿰매어 고정시킨다.

실을 끊지 않고 핸들과의 연결을 이어 떠서 라인이 깔끔하다.

바닥 30cm
입구 24cm
26단
몸판 사슬 72코(시작코)
60cm

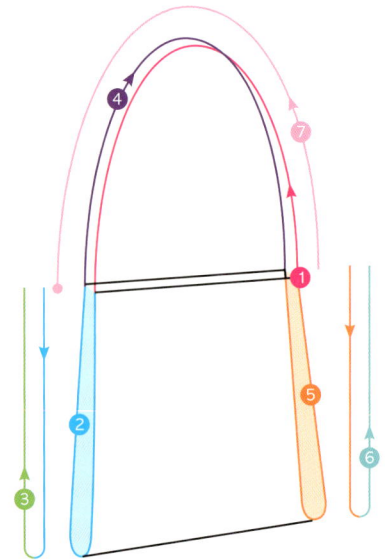

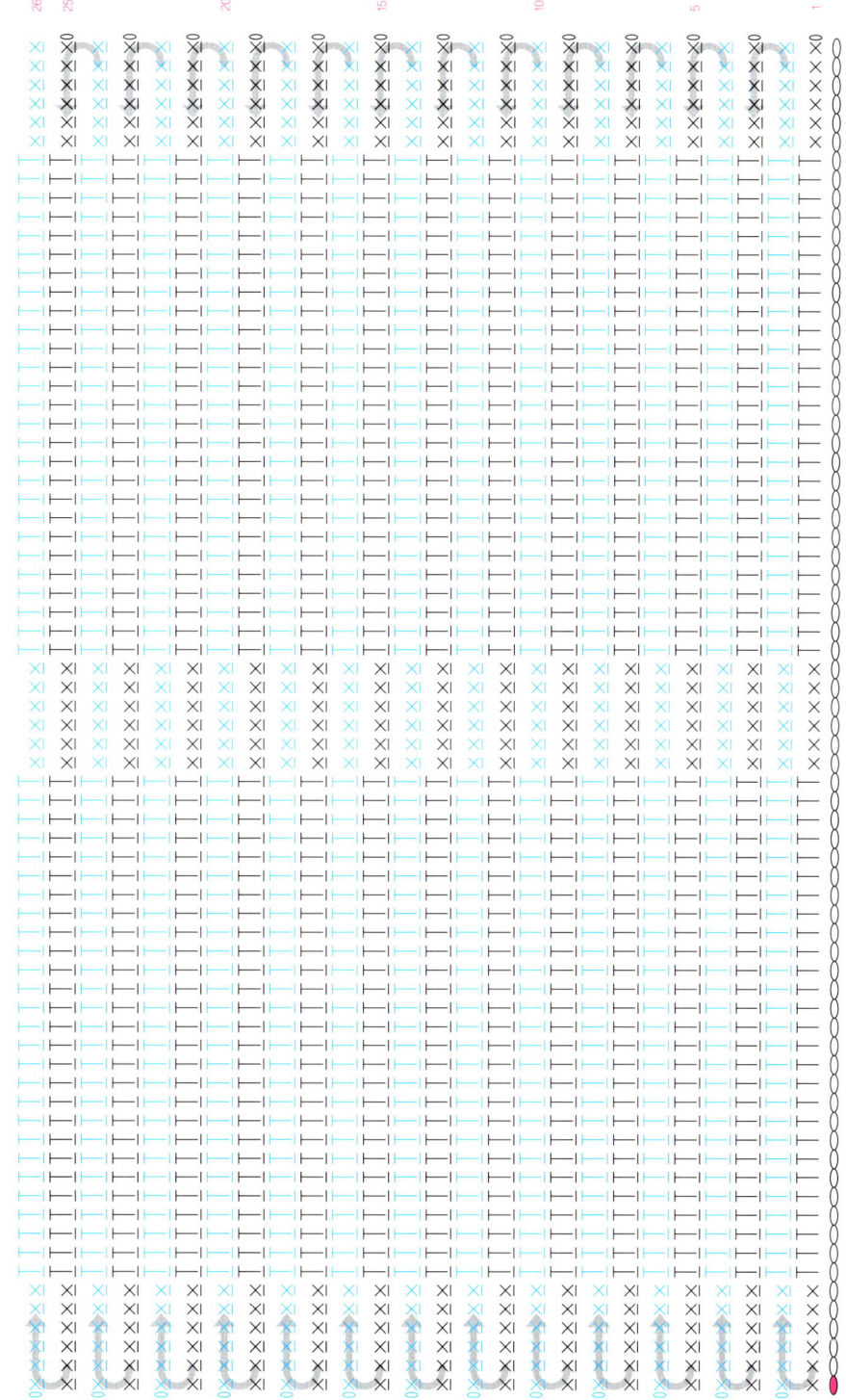

라운드백

실	레더필 2볼
코바늘	9/0호
사이즈	가로 21 x 세로 22cm, 폭 21cm, 핸들 22cm
부자재	바닥 보강 원형 평판, D링 1개, 개고리 1개 사각 통가죽 와펜

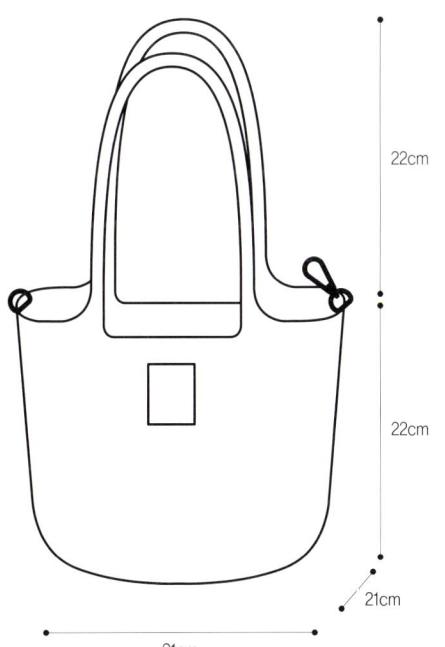

How to make
라운드백

원형 바닥 뜨기
1~7단
- 매직링에 사슬 하나(기둥코) 하고 긴뜨기 8코로 시작코를 만든다.
- 1단에 8코씩 늘려가며 7단까지 긴뜨기로 원형 바닥을 뜬다.(총 56코)

8단
- 1단에 4코만 늘려 긴뜨기 1단을 뜬다.(총 60코)
- 바닥 보강판을 편물 바닥 안쪽에 대고 꿰맨다.

바닥 보강하기
- 원형 평판을 사이즈에 맞게 잘라서 봉제용 실과 바늘로 꿰매어 고정시킨다.

몸판 뜨기
1~2단
- 짧은뜨기를 1단, 겹모아뜨기*를 1단 뜬다.

3~24단
- 1, 2단을 반복하여 24단까지 뜬다.

25단
- 짧은뜨기를 하다가 몸판 앞뒤 중앙에 핸들 사슬을 56개 뜬다. 핸들 사슬이 꼬이지 않게 확인하고 다시 짧은뜨기로 연결한다.(짧은뜨기 11개, 사슬 56개, 13코 건너뛰고 짧은뜨기)

핸들 뜨기
26단
- 겹모아뜨기로 1단 뜬다. 핸들은 윗코에 짧은뜨기를 한다. 핸들의 첫 코와 마지막 코는 짧은뜨기 2코 모아뜨기로 뜬다. 핸들 시작 한 코 전에 겹모아뜨기를 하되, 바늘에 실이 3가닥이 걸린 상태에서 핸들 사슬 윗코에 실을 걸어 실 4가닥을 한 번에 빼낸다. 핸들 마지막은 반대로 사슬 윗코에 실을 건 상태에서 다음 코에 겹모아뜨기를 해서 실 4가닥을 한 번에 빼낸다.

27단
- 가방 윗면과 핸들을 빼뜨기로 마무리하고 양쪽 핸들 안쪽도 빼뜨기한다.

와펜 달기
- 가방 상단 중앙에 봉제용 실과 바늘로 꿰매어 고정시킨다.

겹모아뜨기는
아래 단의 짧은뜨기 코에 먼저 바늘을 넣고 실을 끌어올린 후, 원래 코에 넣어 짧은뜨기 한다.

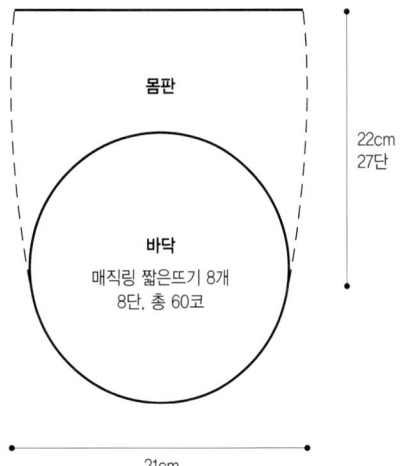

● 빼뜨기　　× 짧은뜨기　　V 긴뜨기 2코 늘려뜨기
○ 사슬뜨기　　T 긴뜨기　　 겹모아뜨기

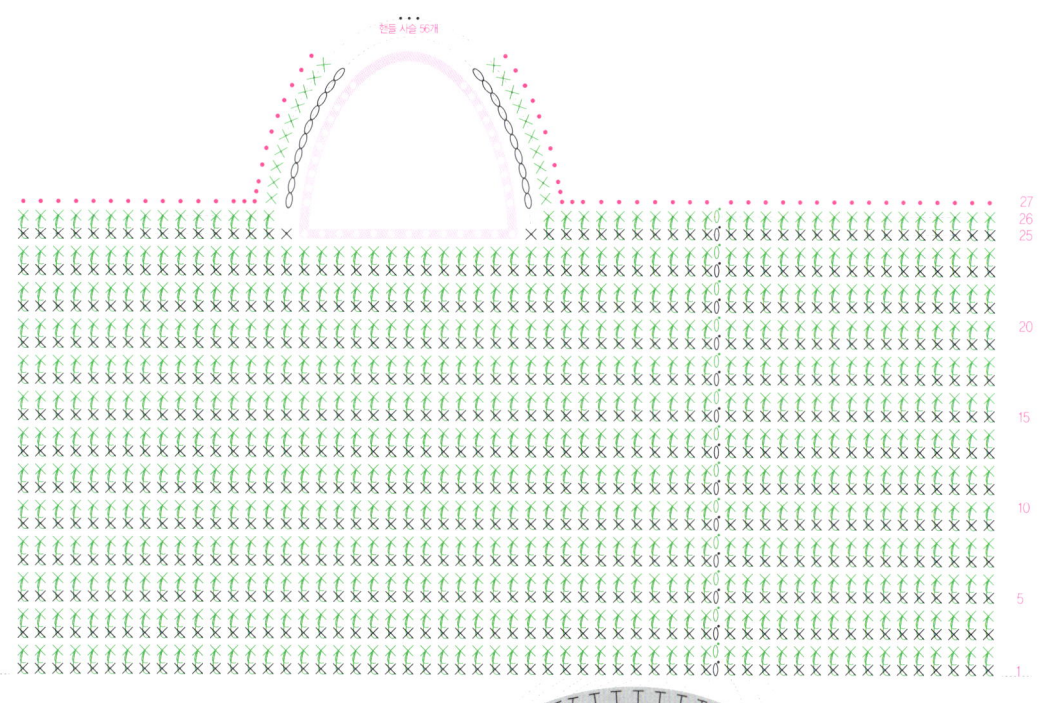

바닥 코 늘리기

단	코수
1	8
2	16
3	24
4	32
5	40
6	48
7	56
8	60

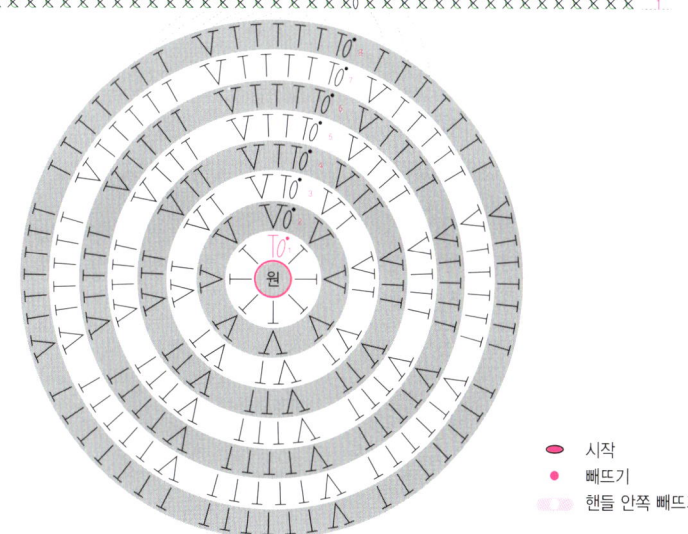

● 시작
● 빼뜨기
　핸들 안쪽 빼뜨기

개고리와 D링을
가방 입구 양옆에 돗바늘로 꿰매어 연결한다.

데일리 숄더백

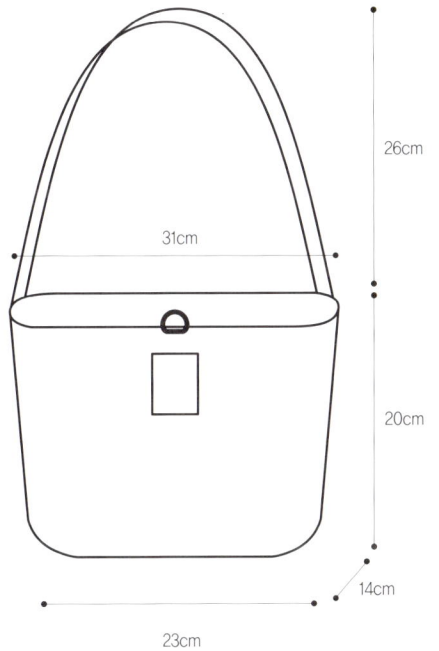

실	레더필 2볼
코바늘	9/0호
사이즈	가로 31 x 세로 20cm, 폭 14cm, 핸들 26cm
부자재	바닥 보강 네트망, D링 1개, 개고리 1개 사각 통가죽 와펜

How to make
데일리숄더백

타원 바닥 뜨기
1단
- 사슬뜨기 15코로 시작코를 만든다.
- 사슬 하나(기둥코) 하고 첫 코부터 반대쪽까지 긴뜨기를 뜬다. 마지막 코에 긴뜨기를 3개 뜨고, 다시 처음으로 돌아오면서 첫 코에 긴뜨기를 2개 더 뜨고 빼뜨기 한다.(총 32코)

2단
- 사슬 하나(기둥코) 하고 첫 코에 긴뜨기를 2개 뜬다. 다음 코부터 한 코에 하나씩 긴뜨기 하고, 반대쪽 3코에서 긴뜨기를 2개씩 떠서 코를 늘린다. 시작 부분으로 돌아와서 남은 2코에 긴뜨기를 2개씩 뜨고 빼뜨기 한다.(총 38코)

3~5단
- 사슬 하나(기둥코) 하고 긴뜨기를 3단 뜬다. 양쪽에서 반원으로 돌며 한쪽에 3코씩 늘린다.(총 56코)

바닥 보강하기
- 원형 평판을 사이즈에 맞게 잘라서 봉제용 실과 바늘로 꿰매어 고정시킨다.

몸판 뜨기
1~2단
- 짧은뜨기를 1단, 겹모아뜨기*를 1단 뜬다.

3~24단
- 1, 2단을 반복하여 24단까지 뜬다.

25단
- 마지막은 빼뜨기 1단으로 마무리한다.

핸들 뜨기
1단
- 몸판에 핸들 위치를 단수링으로 표시하고, 한쪽에서 실을 연결해서 사슬뜨기 60코를 뜬다.
- 반대편 표시된 곳에 빼뜨기로 연결한다.

2~3단
- 짧은뜨기를 1단 뜨고, 빼뜨기 1단으로 마무리한다.
- 핸들 사슬 반대편도 실을 연결하여 짧은뜨기 1단, 빼뜨기 1단을 뜨고 마무리한다.

개고리와 D링
- 가방 입구 중앙에 앞뒤로 돗바늘로 꿰매어 연결한다.

와펜 달기
- 가방 상단 중앙에 봉제용 실과 바늘로 꿰매어 고정시킨다.

겹모아뜨기는
아래 단의 짧은뜨기 코에 먼저 바늘을 넣고 실을 끌어올린 후, 원래 코에 넣어 짧은뜨기 한다.

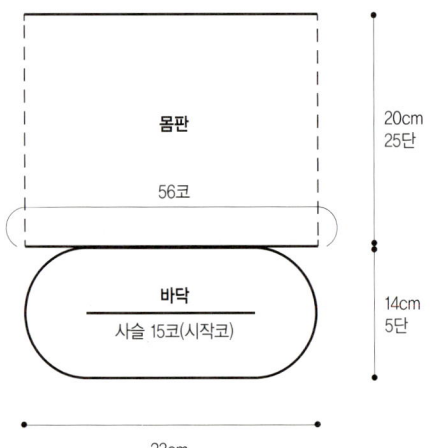

● 빼뜨기	× 짧은뜨기	V 긴뜨기 2코 늘려뜨기
○ 사슬뜨기	T 긴뜨기	⚡ 겹모아뜨기

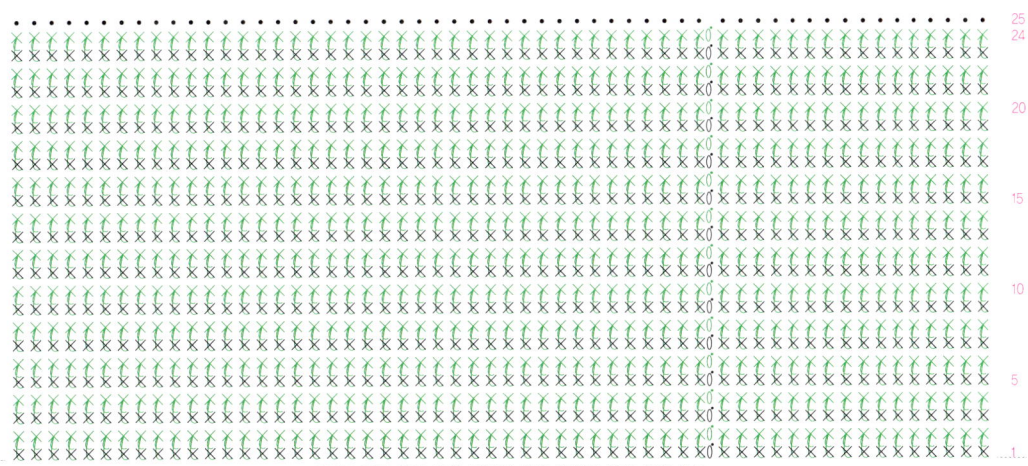

바닥 코 늘리기

단	코수
1	32
2	38
3	44
4	50
5	66

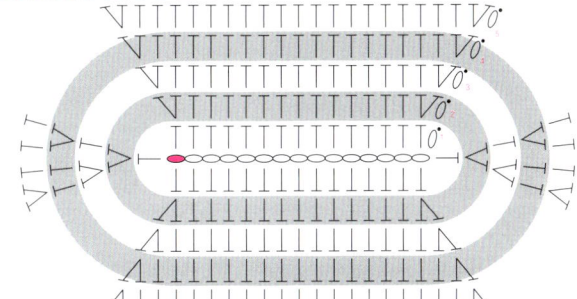

핸들

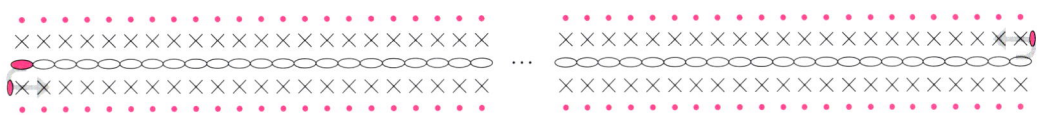

사슬 60코(시작코)

백팩

 백팩 몸판 뜨기

 평매듭으로 핸들 만들기

실	레더필 2볼
코바늘	8/0호
사이즈	가로 20 x 세로 28cm, 폭 13cm, 핸들 80cm
부자재	바닥 보강 네트망, D링 2개

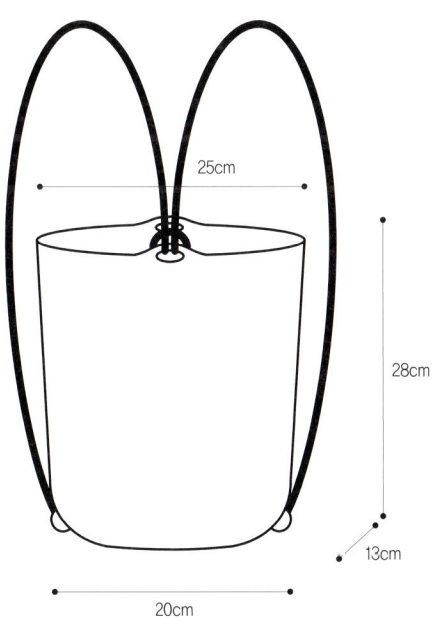

How to make

백팩

타원 바닥 뜨기

1단
- 사슬뜨기 10코로 시작코를 만든다.
- 사슬 하나(기둥코) 하고 첫 코부터 반대쪽까지 짧은뜨기를 뜬다. 마지막 코에 짧은뜨기를 3개 뜨고, 다시 처음으로 돌아오면서 첫 코에 짧은뜨기를 2개 더 뜨고 빼뜨기 한다.(총 22코)

2단
- 사슬 하나(기둥코) 하고 첫 코에 짧은뜨기를 2개 뜬다. 다음 코부터 한 코에 하나씩 짧은뜨기 하고, 반대쪽 3코에서 짧은뜨기를 2개씩 떠서 코를 늘린다. 시작 부분으로 돌아와서 남은 2코에 짧은뜨기를 2개씩 뜨고 빼뜨기 한다.(총 28코)

3~7단
- 사슬 하나(기둥코) 하고 짧은뜨기를 5단 뜬다.
- 양쪽에서 반원으로 돌며 한쪽에 3코씩 늘린다.(총 58코)

8단
- 콧수 증감없이 짧은뜨기를 1단 뜬다.(총 58코)

바닥 보강하기
- 플라스틱 네트망을 사이즈에 맞게 잘라서 봉제용 실과 바늘로 꿰매어 고정시킨다.

몸판 뜨기

1단
- 기둥코 없이 바로 첫 코에 변형 짧은뜨기*를 한다. 33단까지 변형 짧은뜨기로 올린다.

32단
- 몸판 앞뒤 중앙에 사슬 3개로 가방끈이 통과할 부분을 만든다.(변형 짧은뜨기 9개, 사슬 3개, 3코 건너뛰고 변형 짧은뜨기)

33단
- 변형 짧은뜨기를 1단 더 뜬다. 사슬 3개(앞뒤 끈 구멍)에는 변형 짧은뜨기를 4코 뜬다.

34단
- 마지막은 빼뜨기 1단으로 마무리한다.

핸들 만들기(평매듭)
- 기둥줄 2줄*과 엮는줄 2줄*을 자른다. 마크라메 평매듭으로 끈을 170cm 정도 길게 만든다.
- 끈을 반으로 접어 앞구멍에 먼저 통과시키고, 뒷구멍으로 뺀다.
- 끈 양쪽을 몸판 뒷면 하단에, 링에 걸어 고정시킨다.

변형 짧은뜨기는
코에 바늘을 넣고, 짧은뜨기 할 때와 반대 방향으로 실을 감아 뜬다. 실이 X자로 한 번 꼬아 떠지기 때문에 단이 비교적 수직으로 올라간다.

기둥줄 1.7m(만들려는 길이)의 1.5배, 2.6m로 2줄 준비
엮는줄 1.7m(만들려는 길이)의 5.5배, 9.4m로 2줄 준비

● 빼뜨기　× 짧은뜨기　V 짧은뜨기 2코 늘려뜨기

○ 사슬뜨기　× 변형 짧은뜨기

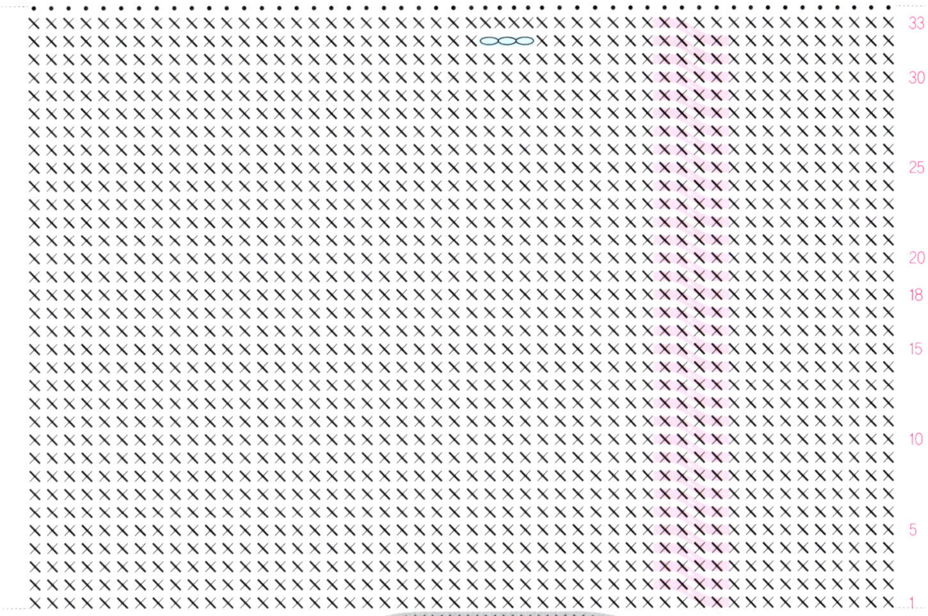
33
30
25
20
18
15
10
5
1

시작
빼뜨기
단 올리기
가방끈 위치

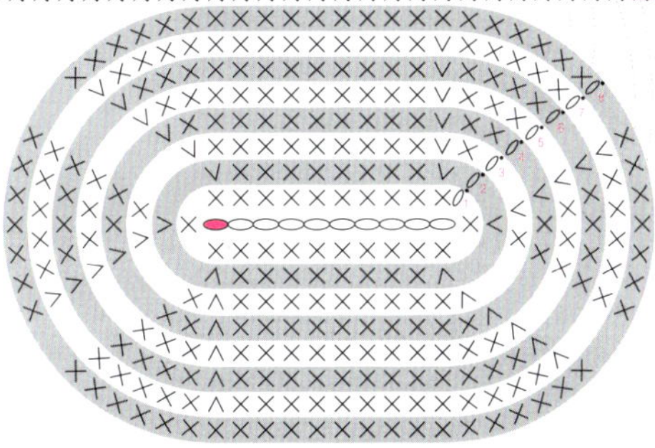

바닥 코 늘리기

단	코수
1	22
2	28
3	34
4	40
5	46
6	52
7	58
8	58

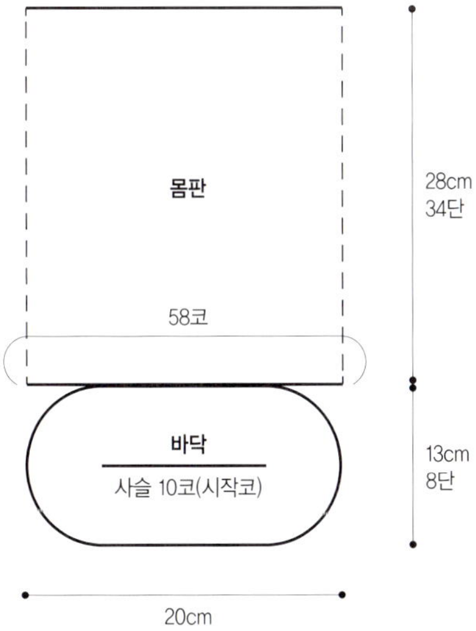
몸판
58코
28cm
34단
바닥
사슬 10코(시작코)
13cm
8단
20cm

미니크로스백
몸판 뜨기

평매듭으로
핸들 만들기

미니크로스백

실	레더필 1볼
코바늘	9/0호
사이즈	가로 35 x 세로 15cm, 폭 1cm, 핸들 120cm
부자재	솔트레지 14mm

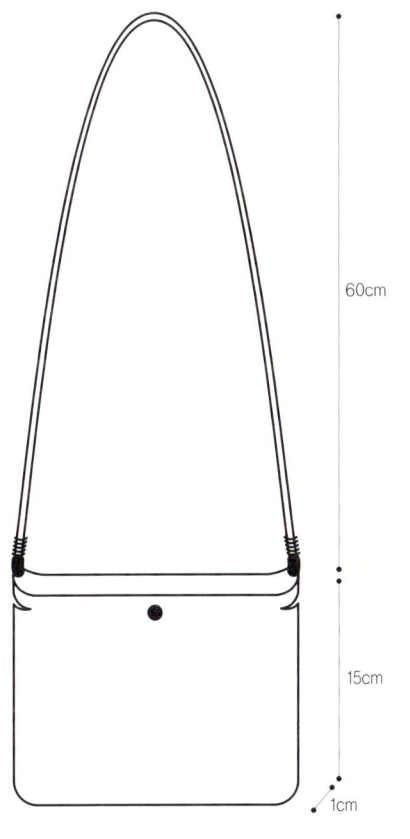

How to make
미니크로스백

바닥 뜨기
1단
- 꼬리실을 90cm 남기고 시작 매듭을 짓는다. 꼬리실을 바늘 앞에서 뒤로 넘기고, 새 실로 사슬뜨기한다. 이중사슬*뜨기 24코로 시작코를 만든다.
- 사슬 하나(기둥코) 하고 첫 코에 짧은뜨기를 2개 뜬다. 반대쪽까지 짧은뜨기를 하고 마지막 코에 짧은뜨기를 3개 뜬다. 다시 처음으로 돌아오면서 첫 코에 짧은뜨기를 1개 더 뜬다.(총 50코)
- 첫 코를 단수링으로 표시한다.

몸판 뜨기
2단
- 기둥코 없이 바로 첫 코부터 오트밀뜨기*로 1단 뜬다.

3~18단
- 오트밀뜨기로 18단까지 뜬다.

이중사슬뜨기는 꼬리실을 바늘 앞에서 뒤로 넘기고 바늘에 실이 걸린 상태에서 새 실로 사슬뜨기 한다. 꼬리실은 뜨려는 길이의 3배 정도 실을 남긴다.

오트밀뜨기는 코산에 코를 걸어서 짧은뜨기 한다.

19단
- 몸판을 평평하게 놓고 양쪽 옆선을 잡아 단수링으로 표시한다.
- 오트밀뜨기를 11개 뜨고 사슬 1개(앞판 솔트레지 구멍), 한 코 건너뛰고 다시 오트밀뜨기를 11개 뜬다. 뒤판으로 넘어가면서 사슬 5개(왼쪽 핸들고리), 두 코 건너뛰고 다시 오트밀뜨기를 11개 뜬다. 사슬 1개(뒷판 솔트레지 구멍), 한 코 건너뛰고 다시 오트밀뜨기를 11개 뜬다. 앞판으로 돌아오면서 사슬 5개(오른쪽 핸들고리)를 뜬다.

20단
- 오트밀뜨기를 1단 뜬다. 사슬 1개(솔트레지 구멍)에는 코산에 짧은뜨기 1개, 사슬 5개(핸들고리)에는 코산에 빼뜨기 5개를 한다.
- 빼뜨기를 1개 더 하고 마무리한다.

핸들 만들기
- 기둥줄 4줄과 엮는줄 2줄*을 자른다.
  핸들 한쪽 고리에 기둥줄과 엮는줄을 걸어서 마크라메 평매듭으로 끈을 120cm 정도 길게 만든다.
- 반대편 핸들고리에 걸어 칭칭 감아서 마무리한다.

솔트레지 고정하기
- 앞판의 떠놓은 구멍에 맞춰, 뒷판에 솔트레지를 나사로 고정시킨다.

기둥줄 1.2m(만들려는 길이)의 1.5배, 1.8m로 4줄 준비
엮는줄 1.2m(만들려는 길이)의 5.5배, 6.6m로 2줄 준비

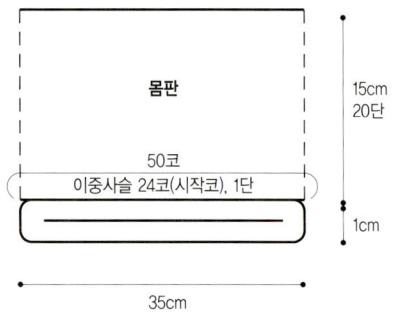

● 빼뜨기 　× 짧은뜨기
○ 사슬뜨기 　⩥ 오트밀뜨기

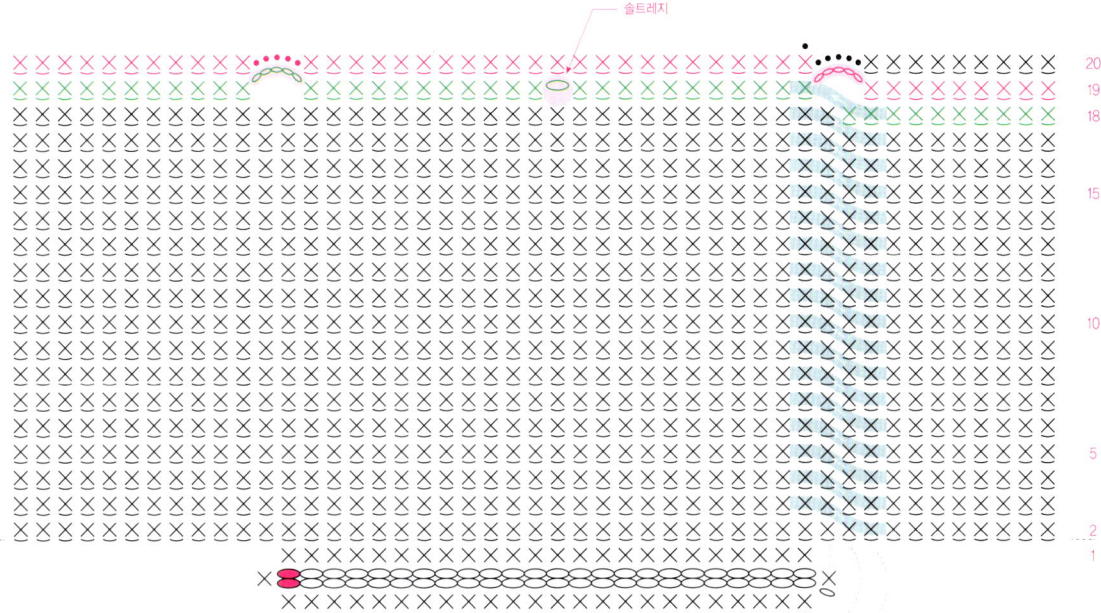

🟣 시작
● 빼뜨기
▨ 단 올리기
▨ 핸들고리

노트북가방

노트북가방
몸판 뜨기

평매듭으로
핸들 만들기

실	레더필 2볼
코바늘	9/0호
사이즈	가로 35 x 세로 22cm, 폭 2cm, 핸들 35cm
부자재	솔트레지 14mm

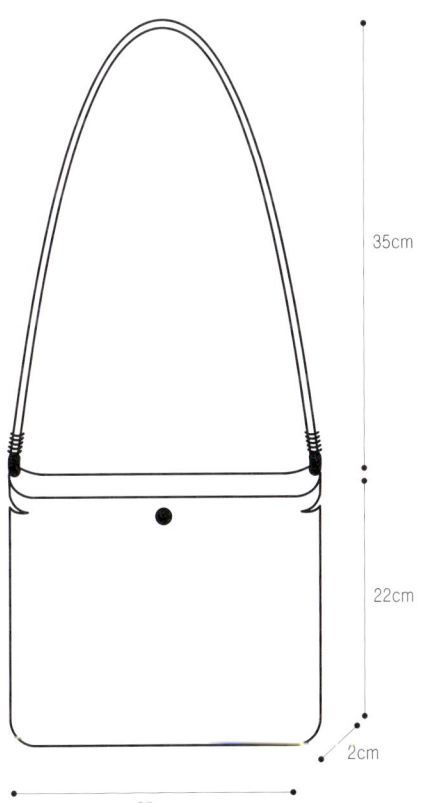

How to make
노트북가방

바닥 뜨기
1단
- 꼬리실을 120cm 남기고 시작 매듭을 짓는다. 꼬리실을 바늘 앞에서 뒤로 넘기고, 새 실로 사슬뜨기한다. 이중사슬뜨기* 30코로 시작코를 만든다.
- 사슬 하나(기둥코) 하고 첫 코에 짧은뜨기를 2개 뜬다. 반대쪽까지 짧은뜨기를 하고 마지막 코에 짧은뜨기를 3개 뜬다. 다시 처음으로 돌아오면서 첫 코에 짧은뜨기를 1개 더 뜬다.(총 62코)
- 첫 코를 단수링으로 표시한다.

2단
- 사슬 하나(기둥코) 하고 오트밀뜨기*로 1단 뜬다. 양끝 3코는 짧은뜨기를 2코씩 떠서 코를 늘린다.(총 68코)

몸판 뜨기
3~30단
- 기둥코 없이 바로 첫 코부터 오트밀뜨기로 30단까지 뜬다.

몸판 뜨기
31단
- 몸판을 평평하게 놓고 양쪽 옆선을 잡아 단수링으로 표시한다.
- 사슬 5개(오른쪽 핸들고리) 하고, 2코 건너뛰고 오트밀뜨기를 15개 뜬다. 사슬 1개(앞판 솔트레지 구멍), 한 코 건너뛰고 다시 오트밀뜨기를 15개 뜬다. 뒤판으로 넘어가면서 사슬 5개(왼쪽 핸들고리), 3코 건너뛰고 다시 오트밀뜨기를 15개 뜬다. 사슬 1개(뒤판 솔트레지 구멍), 한 코 건너뛰고 다시 오트밀뜨기를 14개 뜬다.

32단
- 오트밀뜨기를 1단 뜬다.
- 사슬 1개(솔트레지 구멍)에는 코산에 짧은뜨기 1개, 사슬 5개(핸들고리)에는 코산에 짧은뜨기 5개를 한다.

33단
- 마지막 단은 빼뜨기로 1단 뜬다.

핸들 만들기
- 기둥줄 4줄과 엮는줄 2줄*을 자른다. 핸들 한쪽 고리에 기둥줄과 엮는줄을 걸어서 마크라메 평매듭으로 끈을 100cm 정도 길게 만든다.
- 반대편 핸들고리에 걸어 칭칭 감아서 마무리한다.

기둥줄 1m(만들려는 길이)의 1.5배, 1.5m로 4줄 준비
엮는줄 1m(만들려는 길이)의 5.5배, 6m로 2줄 준비

솔트레지 고정하기
- 앞판의 떠놓은 구멍에 맞춰, 뒷판에 솔트레지를 나사로 고정시킨다.

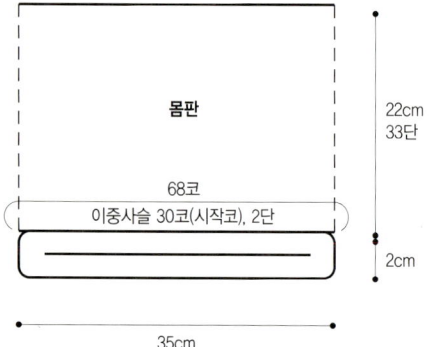

● 빼뜨기　　✕ 짧은뜨기
○ 사슬뜨기　　✕ 오트밀뜨기

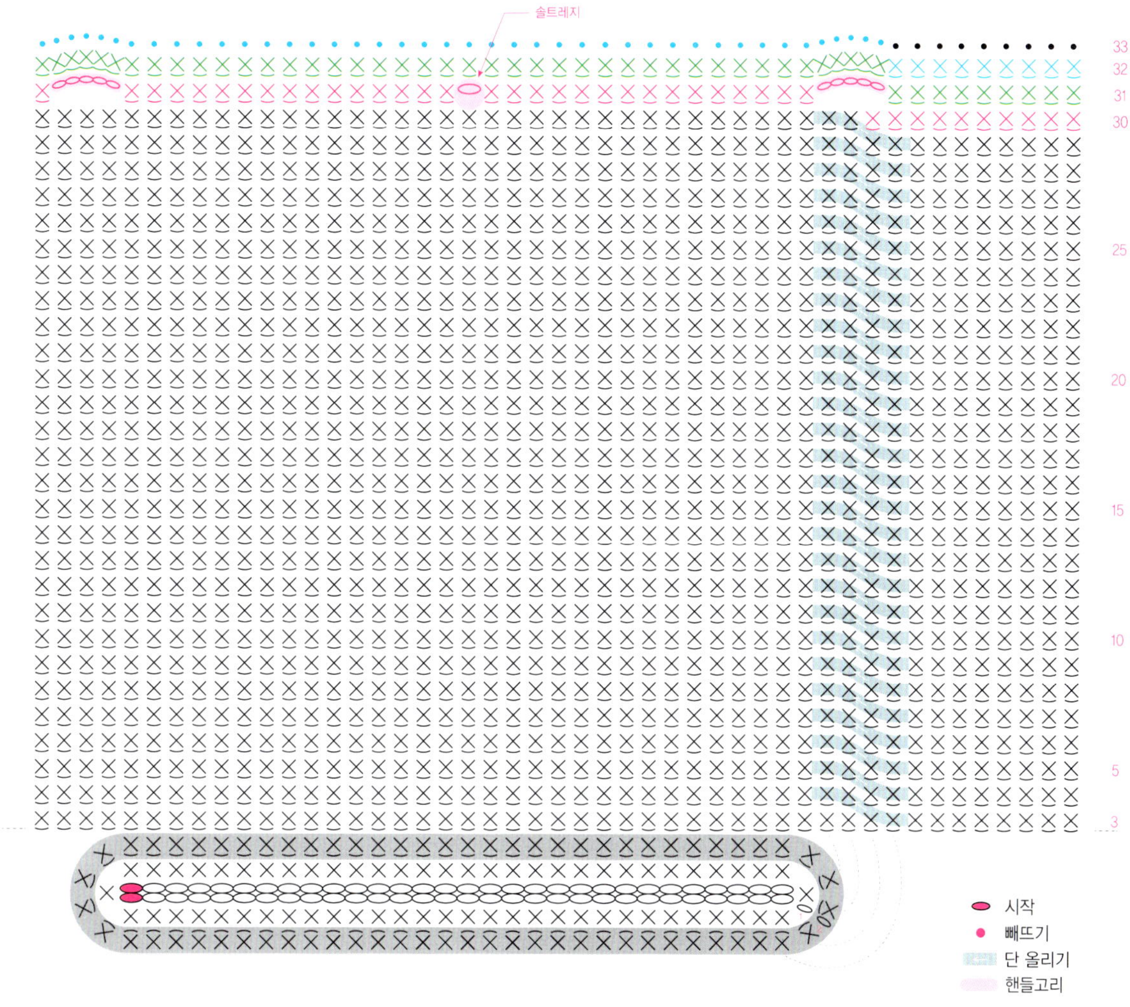

솔트레지

● 시작
● 빼뜨기
▨ 단 올리기
▨ 핸들고리

이중사슬뜨기는 꼬리실을 바늘 앞에서 뒤로 넘기고 바늘에 실이 걸린 상태에서 새 실로 사슬뜨기 한다. 꼬리실은 뜨려는 길이의 3배 정도 실을 남긴다.

오트밀뜨기는 코산에 코를 걸어서 짧은뜨기 한다.

세체니 네트백

실 레더필 1볼 반
코바늘 9/0호
사이즈 가로 28 x 세로 33cm, 폭 1cm, 핸들 22cm
부자재 사각 통가죽 와펜

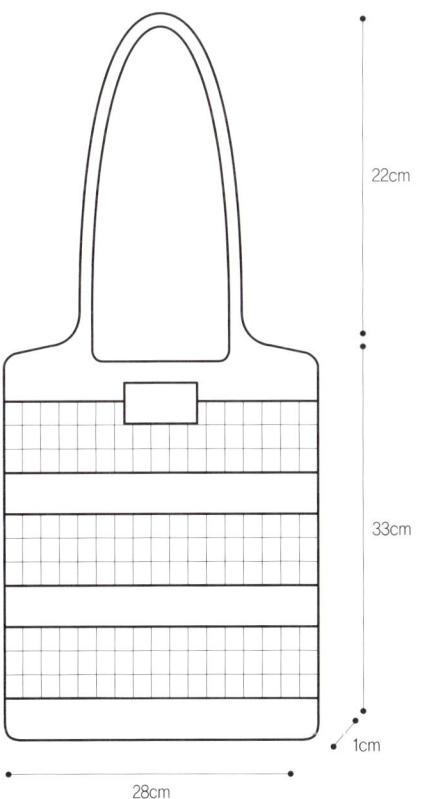

How to make

세체니네트백

바닥 뜨기

1단
- 사슬뜨기 30코로 시작코를 만든다.
- 사슬 하나(기둥코) 하고 첫 코에 짧은뜨기를 2개 뜬다. 반대쪽까지 짧은뜨기를 하고 마지막 코에 짧은뜨기를 3개 뜬다. 다시 처음으로 돌아오면서 첫 코에 짧은뜨기를 1개 더 뜬다.(총 62코)

2단
- 사슬 하나(기둥코) 하고 첫 코와 두 번째 코에 짧은뜨기를 2개씩 뜬다. 다음 코부터 한 코에 하나씩 짧은뜨기 하고, 반대쪽 3코에서 짧은뜨기를 2개씩 떠서 코를 늘린다. 시작 부분으로 돌아와서 마지막 코에 짧은뜨기를 2개 뜨고 빼뜨기 한다.(총 68코)

몸판 뜨기

3~4단
- 짧은뜨기로 2단 뜬다.

5~7단
- 사슬을 1개 뜨고, 실을 길게(사슬 2개 길이) 뺀 상태에서 실을 걸어 바늘을 그대로 한 바퀴 돌리고 사슬을 1개 뜬다. 사슬 1개 더 뜨고 세 번째 코에 두길긴뜨기*를 1개 뜬다.
- [사슬 1개 - 한 코 건너뛰고 두길긴뜨기 1개]를 반복하여 3단을 뜬다.

8~10단
- 짧은뜨기로 3단 뜬다.

11~13단
- 5~7단을 반복해서 뜬다.

14~16단
- 짧은뜨기로 3단 뜬다.

몸판 뜨기

17~19단
- 5~7단을 반복해서 뜬다.

20~21단
- 짧은뜨기로 2단 뜬다.

22단
- 짧은뜨기를 하다가 몸판 앞뒤 중앙에 핸들 사슬을 58개 뜬다. 핸들 사슬이 꼬이지 않게 확인하고 다시 짧은뜨기로 연결한다.(짧은뜨기 11개, 사슬 58개, 14코 건너뛰고 짧은뜨기)

23단
- 짧은뜨기로 1단 뜬다. 핸들은 코산에 짧은뜨기 한다. 핸들의 첫 코와 마지막 코는 짧은뜨기 2코 모아뜨기로 뜬다.

24단
- 마지막 단은 빼뜨기로 1단 뜬다.
- 양쪽 핸들 안쪽도 빼뜨기로 1단씩 뜬다.

와펜 달기
- 가방 상단 중앙에 봉제용 실과 바늘로 꿰매어 고정시킨다.

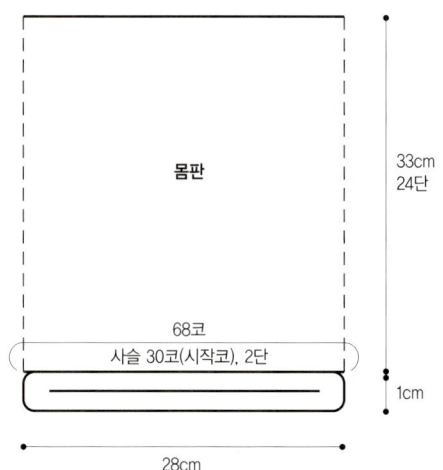

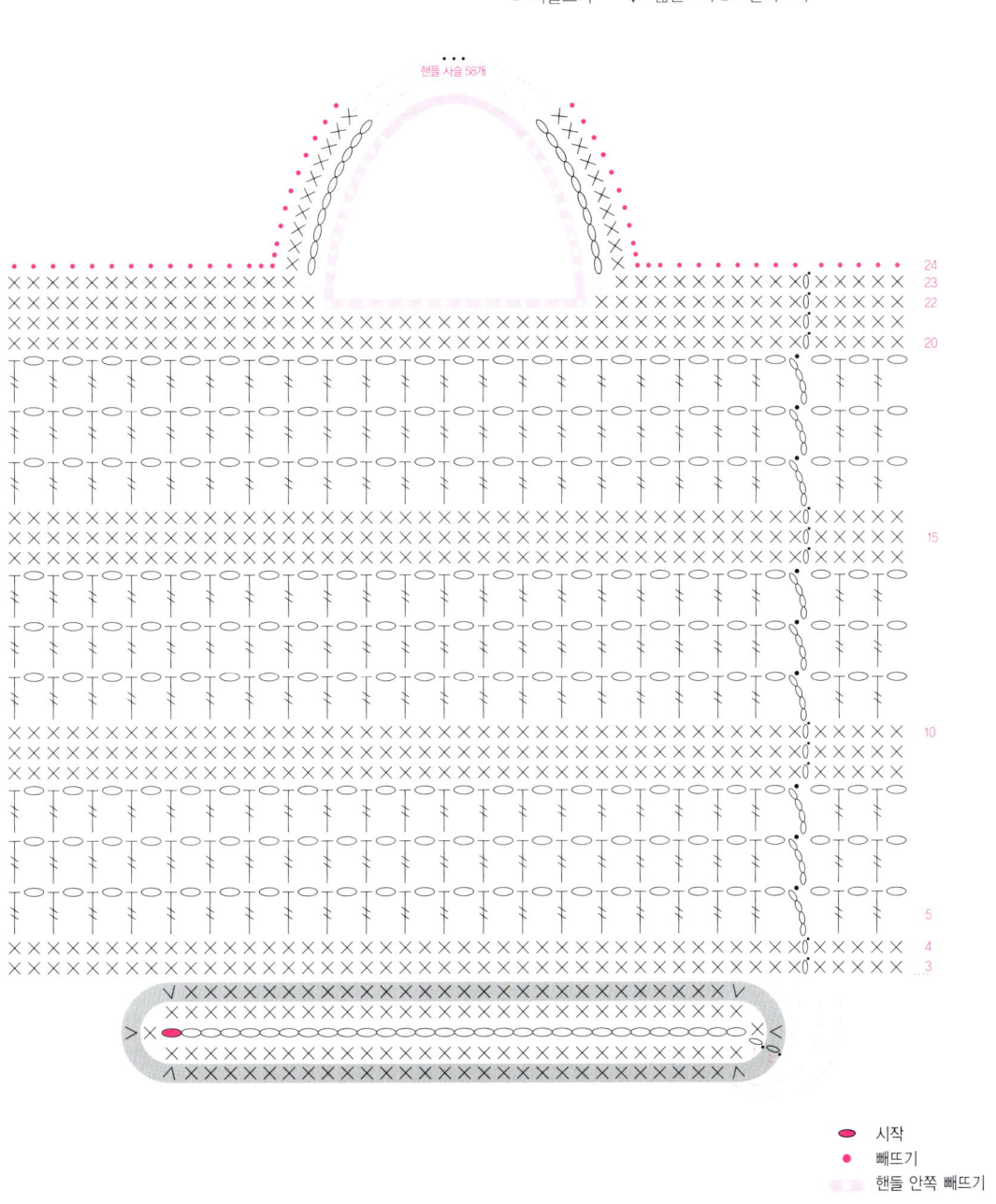

두길긴뜨기 단의 기둥코는 원래 사슬 4개지만, 사슬코 표시를 덜 나게 하는 방법으로
사슬을 1개 뜨고, 실을 길게(사슬 2개 길이) 뺀 상태에서 실을 걸어 바늘을 그대로 한 바퀴 돌리고
사슬을 1개 뜬다.

 몸판 뜨기

 옆면과 연결

그린드레스백

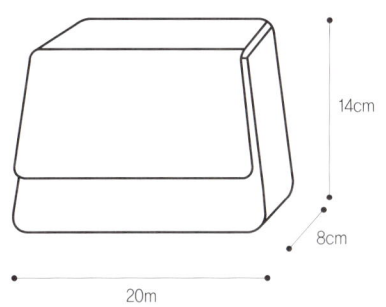

14cm
8cm
20m

실	레더필 2볼
코바늘	8/0호
사이즈	가로 20 x 세로 14cm, 폭 8cm
부자재	볼드 골드체인, 자석 단추

How to make
그린드레스백

몸판 뜨기

1단
- 사슬뜨기 20개로 시작코를 만든다.
- 사슬 하나(기둥코) 하고 짧은뜨기를 1단 뜬다.

2단
- 사슬 하나(기둥코) 하고 편물을 뒤집어 이랑 짧은뜨기를 한다.
- 첫 코와 마지막 코는 이랑 짧은뜨기를 2개씩 하여 코를 늘린다.(총 22코)

3~6단
- 편물을 뒤집어가며 코늘림 없이 6단까지 이랑 짧은뜨기를 한다.

7단
- 사슬 하나(기둥코) 하고, 첫 코와 마지막 코는 이랑 짧은뜨기를 2개씩 하여 코를 늘린다.(총 24코)

8~11단
- 편물을 뒤집어가며 코늘림 없이 11단까지 이랑 짧은뜨기를 한다.

12~81단
- 그림을 참고하여 81단까지 뜬다.

옆면 뜨기

1단
- 편물을 안쪽이 보이게 놓고 바닥의 오른쪽부터 단마다 코를 주워 빼뜨기 한다.(총 12코)

2~33단
- 사슬 하나(기둥코)를 뜨고 편물을 뒤집는다.
- 첫 코의 뒷코 한 가닥에만 실을 걸어 빼뜨기 한다.
- 이랑 빼뜨기를 1단 뜬다.
- 반복하여 편물을 뒤집어가며 33단까지 뜬다.
- 바닥 왼쪽도 33단까지 옆면을 뜬다.

연결하기
- 몸판과 옆면 2개를 연결한다.
- 옆면을 세우고 앞판과 모서리를 맞춰, 가방 상단 아래부터 반대쪽까지 돗바늘로 홈질하듯 꿰맨다.

자석 단추
- 뚜껑 양끝 안쪽에 자석 단추를 하나씩 달아준다. 돗바늘에 실을 꿰어 자석 단추 네 귀퉁이를 고정한다.
- 뚜껑을 덮고 앞판의 마주보는 위치에 같은 방법으로 자석 단추를 달아준다.
- 양쪽 옆면 2단 아래에 볼드 골드체인 고리를 끼운다.

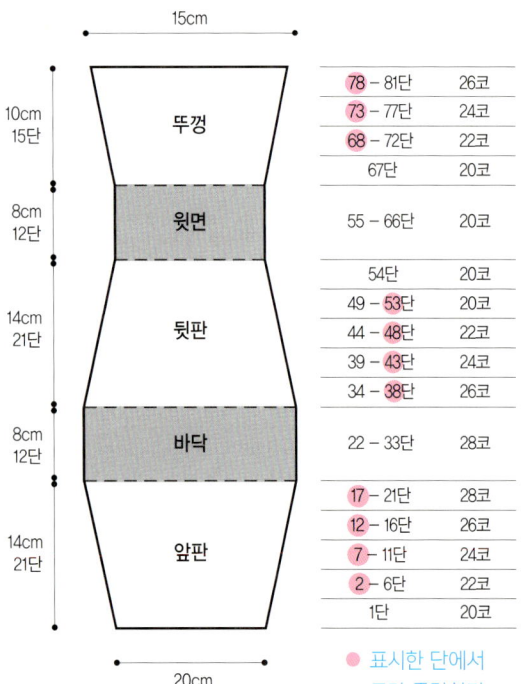

● 표시한 단에서 코가 증감한다.

● 빼뜨기 ○ 사슬뜨기 × 짧은뜨기 △ 이랑 짧은뜨기 2코 모아뜨기

•̲ 이랑 빼뜨기 ×̲ 이랑 짧은뜨기 V̲ 이랑 짧은뜨기 2코 늘려뜨기

시작 ×̲ 길 보고 뜨기

접히는 부분 ×̲ 안 보고 뜨기

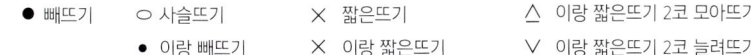

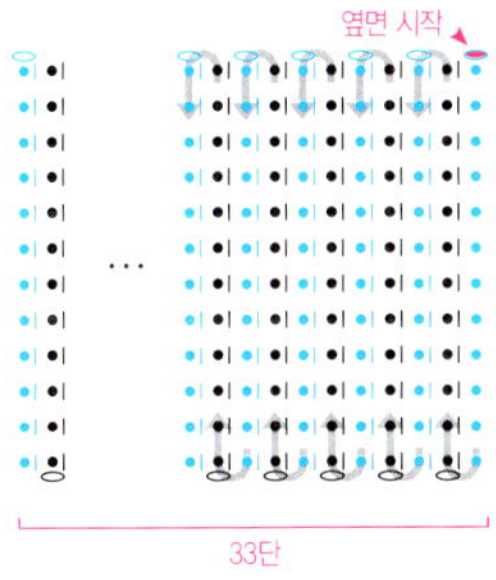

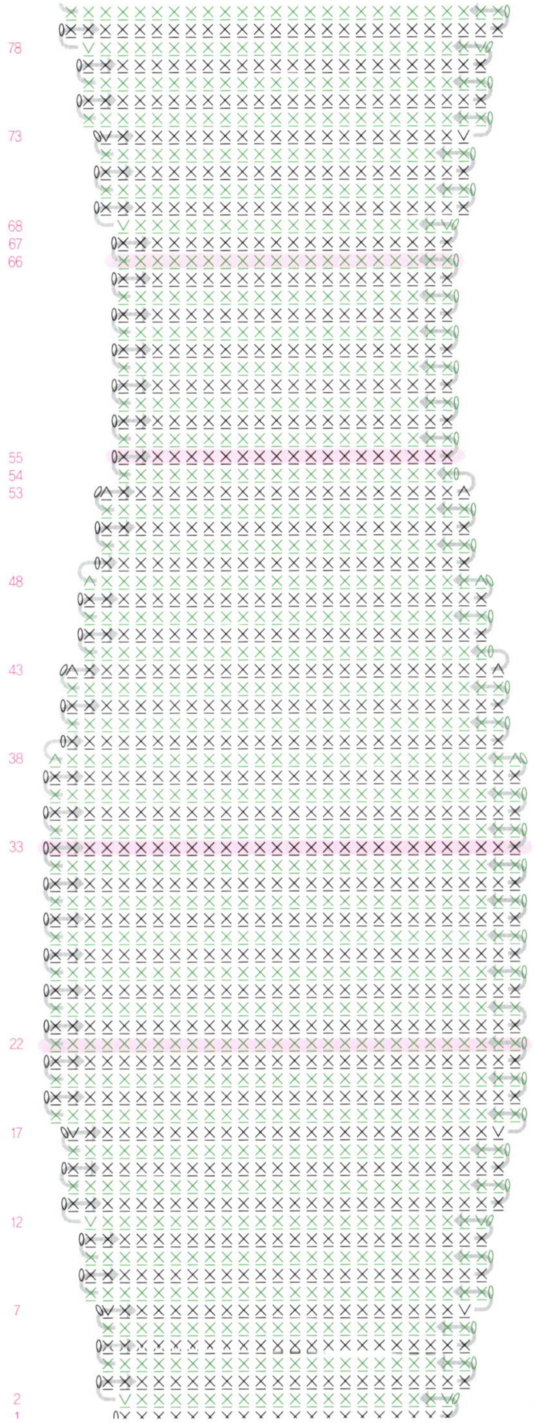

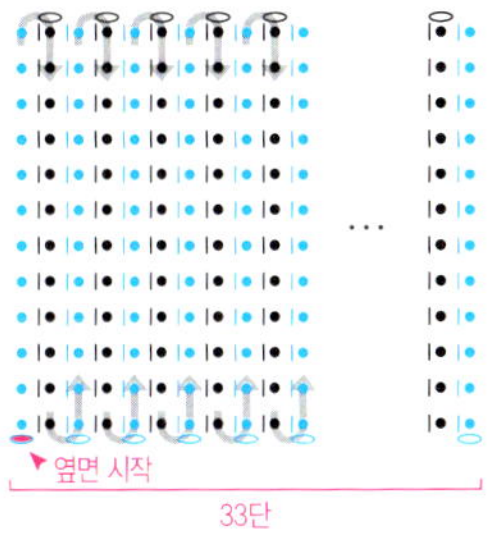

crochet essay
뜨개가 있어서
다행이야

2020년 2월 17일 컨테이너에 가방을 가득 채워 일본으로 수출했다. 그리고 4월 수출분량을 열심히 생산하고 있었다. 우리 가방은 신규 브랜드임에도 반응이 좋아 도큐핸즈와 로프트 등 백화점에 입점할 수 있었다. 그러나 일주일 후 코로나 팬데믹으로 상황이 아주 이상하게 흘러갔다. 바이어는 4월분 생산을 보류해 달라고 했다. 정말 눈앞이 캄캄했다. 지금 생산 중인 것은 어떻게 해야 할지부터 앞으로 상황에 대한 암담함으로 밤이면 잠을 이룰 수 없었다. 불면의 날이 시작됐다. 밤이면 잠이 오지 않아서 취미로 하던 뜨개를 시작했다. 뜨개를 하다가 밤을 홀딱 새운 적도 있다. 회사에 출근해서도 불안한 마음에 더욱 뜨개에 열중했다. 나뿐만 아니었다.

팬데믹 상황에 '집콕'이라는 신조어가 생길 정도로 모든 사람들이 외부 활동에 제약을 받았다. 집에서 시간을 보내기 위해서 유튜브로 뜨개를 배우며 새로운 취미로 뜨개질을 시작한 사람들이 늘어났다. 친구에게 선물할 뜨개가방을 뜨면서 만나지는 못하지만 보고 싶은 마음을 담아 뜨개질을 하고, 명절에도 볼 수 없는 자식을 생각하면서 뜨개질을 한다. 우리는 코로나라는 불안한 마음을 뜨개질이라는 단순하고 반복적인 작업에 몰두하면서 이겨내고 있었다.

나는 잠시도 가만히 있는 성격이 아니다. 기다리는 것도 잘하지 못한다. 병원에 가서 한 시간 이상을 기다리거나 비행기나 기차를 타고 장거리를 가는 것이 굉장히 부담스럽다. 그러나 뜨개질을 하다 보니 한 시간 기다리는 것쯤은 아주 가볍게 기다릴 수 있다. 오히려 즐겁기까지 하다. 장거리 비행에도 뜨개를 하면서 가게 되었고 이제 기다리는 것이 불안하거나 싫지 않다. 단순한 행동을 반복하면서, 점점 늘어나는 뜨개를 보면서 뿌듯한 마음으로 시간을 보낼 수 있게 되었다.
구석기 시대 뗀석기를 처음 사용하기 시작한 호모 하빌리스 이후로 작은 커브를 지닌 바늘 하나를 가지고 어디든 갈 수 있고, 그곳에서 우리의 불안감을 달래며 창작 욕구를 발휘하여 무엇이든 만들 수 있다. 팬데믹 이후는 '호모 니들러스'의 시대라 할만하다.

불안이 가득한 우리의 생활 속에서 차분하게 시간을 보낼 수 있게 해주는 뜨개, 내가 사랑하는 사람이나 고마움을 표현하고 싶을 때 기뻐하는 그를 떠올리면서 뜨는 뜨개 선물, 공부하는 아이 옆에서 함께 힘든 시간을 견디게 해주는 뜨개, 나의 창작 욕구를 채워주는 뜨개. 이 세상의 모든 뜨개는 따뜻함, 사랑, 안정감, 평화의 다른 말이며 행위이다.

How to make

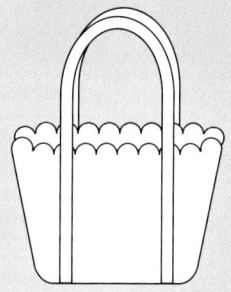

한지사·무지얀

모링가 쇼퍼백

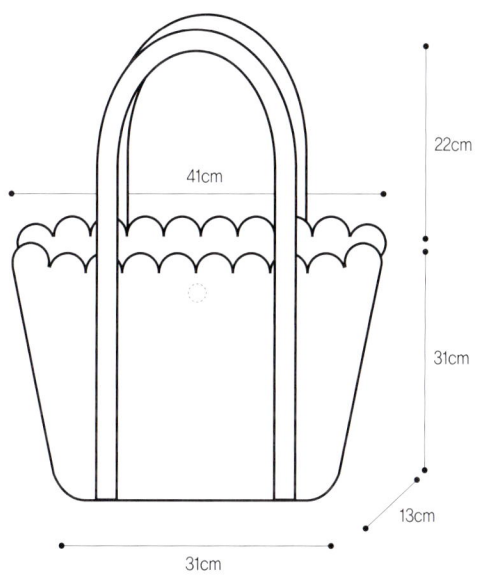

실	한지사 메인 2.5볼, 콤비A 1.5볼
코바늘	코바늘 8/0호
사이즈	가로 41 x 세로 31cm, 폭 13cm, 핸들 22cm
부자재	손잡이 보강 웨빙, 바닥 보강 네트망, 플라스틱 자석

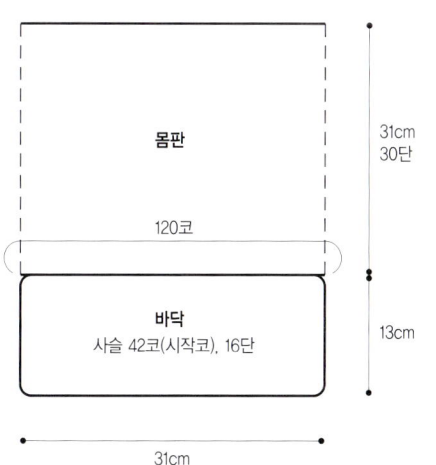

How to make
모링가쇼퍼백

바닥 뜨기
1~16단
- 사슬뜨기 42코로 시작코를 만든다.
- 편물을 뒤집어가며 짧은뜨기로 16단 뜬다.

테두리
- 바닥 테두리를 짧은뜨기로 한 바퀴 뜬다.
- 모서리 네 곳은 1코씩 늘린다.(총 120코)

바닥 보강하기
- 플라스틱 네트망을 사이즈에 맞게 잘라서 봉제용 실과 바늘로 꿰매어 고정시킨다.

핸들 뜨기
1단(메인실)
- 메인실로 사슬뜨기 120코로 시작코를 만든다.
- 짧은뜨기를 1단 뜬다.

2단(콤비 A실)
- 콤비 A실로 긴뜨기를 1단 뜬다.

3단(메인실)
- 메인실로 짧은뜨기를 1단 뜨고 마무리한다.

핸들 보강하기*
- 핸들 뒷면에 웨빙을 일반 실과 바늘을 이용하여 대고 꿰맨다.
- 핸들을 몸통에 위치를 잡고 메인색 실로 돗바늘을 사용하여 꿰맨다.

자석 단추 달기
- 몸판 안쪽, 상단 중앙에 자석 단추의 암수를 맞추어 돗바늘로 꿰매어 단다.

핸들을 전체적으로 웨빙으로 보강하여
늘어지지 않고 힘있게 잡아준다.

몸판 뜨기
1~4단(메인실)
- 메인실로 사슬 2개(기둥코) 하고 긴뜨기를 4단 뜬다.

5~7단(콤비 A실)
- 콤비 A실로 무늬 A를 반복하여 뜬다.

8~9단(메인실)
- 메인실로 긴뜨기를 2단 뜬다.

10단(콤비 A실)
- 콤비 A실로 긴뜨기를 1단 뜬다.

11단(메인실)
- 메인실로 긴뜨기를 1단 뜬다.

12~15단(콤비 A실)
- 콤비 A실로 무늬 B를 반복하여 뜬다.

16단(메인실)
- 메인실로 긴뜨기를 1단 뜬다.

17단(콤비 A실)
- 콤비 A실로 긴뜨기를 1단 뜬다.

18~21단(메인실)
- 메인실로 긴뜨기를 4단 뜬다.

22단(콤비 A실)
- 콤비 A실로 긴뜨기를 1단 뜬다.

23~24단(메인실)
- 메인실로 긴뜨기를 2단 뜬다.

25~27단(메인실)
- 콤비 A실로 무늬 A를 반복하여 뜬다.

28~29단(메인실)
- 메인실로 긴뜨기를 2단 뜬다.

30단(메인실)
- 마지막 단은 메인실로 프릴 무늬를 1단 뜬다.

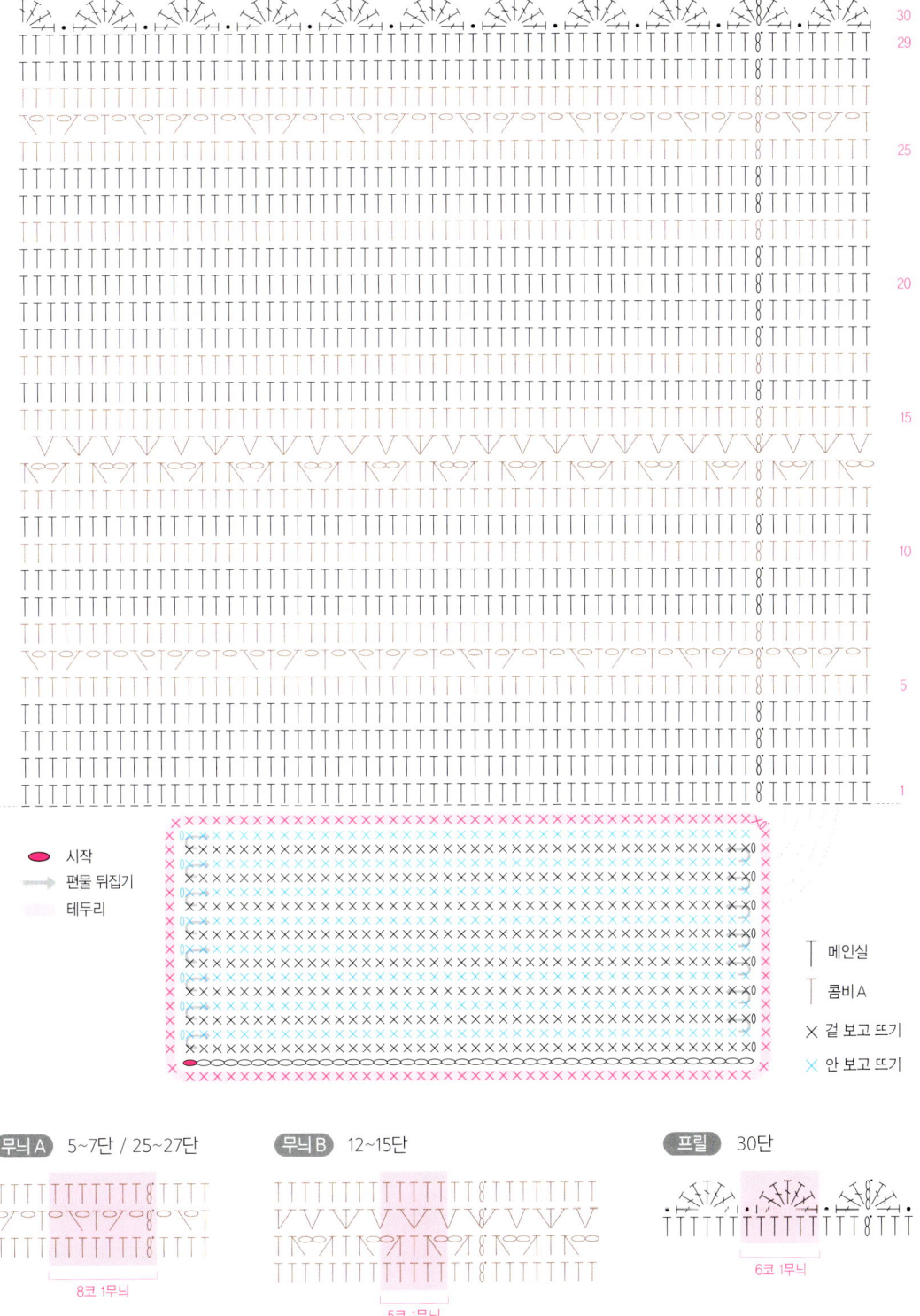

다이아몬드 숄더백

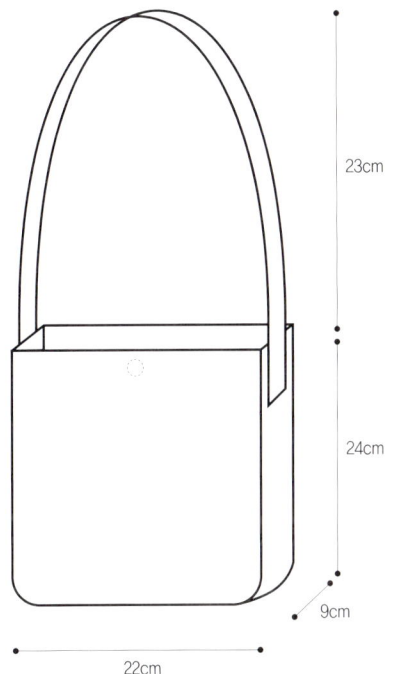

실	한지사 메인 1.5볼, 콤비A 1.5볼
코바늘	코바늘 7/0호
사이즈	가로 22 x 세로 24cm, 폭 9cm, 핸들 23cm
부자재	손잡이 보강 웨빙, 바닥 보강 네트망, 플라스틱 자석

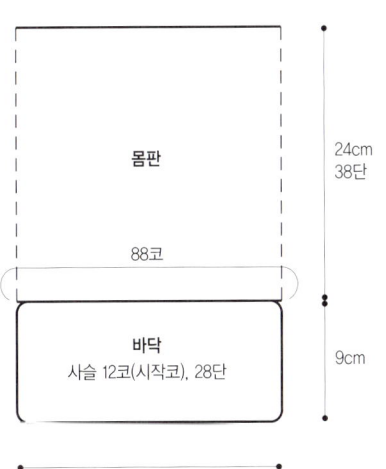

몸판 — 24cm, 38단, 88코

바닥 — 사슬 12코(시작코), 28단, 9cm, 22cm

How to make
다이아몬드숄더백

바닥 뜨기
1~28단
- 사슬뜨기 12코로 시작코를 만든다.
- 편물을 뒤집어가며 짧은뜨기로 28단 뜬다.

테두리
- 바닥 테두리를 짧은뜨기로 한 바퀴 뜬다. 모서리 네곳은 2코씩 늘린다.(총 88코)

바닥 보강하기
- 플라스틱 네트망을 사이즈에 맞게 잘라서 봉제용 실과 바늘로 꿰매어 고정시킨다.

핸들 뜨기
- 사슬뜨기 119코로 시작코를 만든다.

1단
- 메인실로 짧은뜨기를 1개 뜨고, 다음 코부터 [콤비 1코 –메인 2코]로 배색하며 짧은뜨기를 1단 뜬다. 마지막 코는 메인실로 짧은뜨기를 1개 뜬다.

2단
- 콤비 A실로 짧은뜨기를 1단 뜬다.

3단
- 1단과 똑같이 뜬다.

연결하기
- 핸들 뒷면에 웨빙을 일반 실과 바늘을 이용하여 대고 꿰맨다.
- 핸들을 몸통에 위치를 잡고 메인색 실로 돗바늘을 사용하여 꿰맨다.

몸판 뜨기
1~4단
- 메인실로 사슬 하나(기둥코) 하고 짧은뜨기를 4단 뜬다.

5~8단
- 콤비 A실과 메인실을 번갈아가며 짧은뜨기를 1단씩 뜬다.

9~15단
- 다이아몬드 무늬를 뜬다.

16~20단
- 메인실과 콤비 A실을 번갈아가며 짧은뜨기를 1단씩 뜬다.

21~27단
- 다이아몬드 무늬를 뜬다.

28단(메인실)
- 메인실로 짧은뜨기를 1단 뜬다.

29~31단(콤비 A실)
- 콤비 A실로 짧은뜨기를 3단 뜬다.

32단(메인실)
- 메인실로 짧은뜨기를 1단 뜬다.

33단(콤비 A실)
- 콤비 A실로 짧은뜨기를 1단 뜬다.

33~37단(메인실)
- 메인실로 짧은뜨기를 4단 뜬다.

38단(메인실)
- 마지막 단은 메인실로 빼뜨기를 1단 뜬다.

짧은뜨기가 한쪽으로 휘는 경우, 무늬가 똑바로 나올 수 없기 때문에 1단씩 방향을 바꿔서 뜨거나 변형 짧은뜨기로 뜬다.
핸들 뒷면을 웨빙으로 보강해서 핸들이 늘어나지 않고 힘있게 받쳐준다.

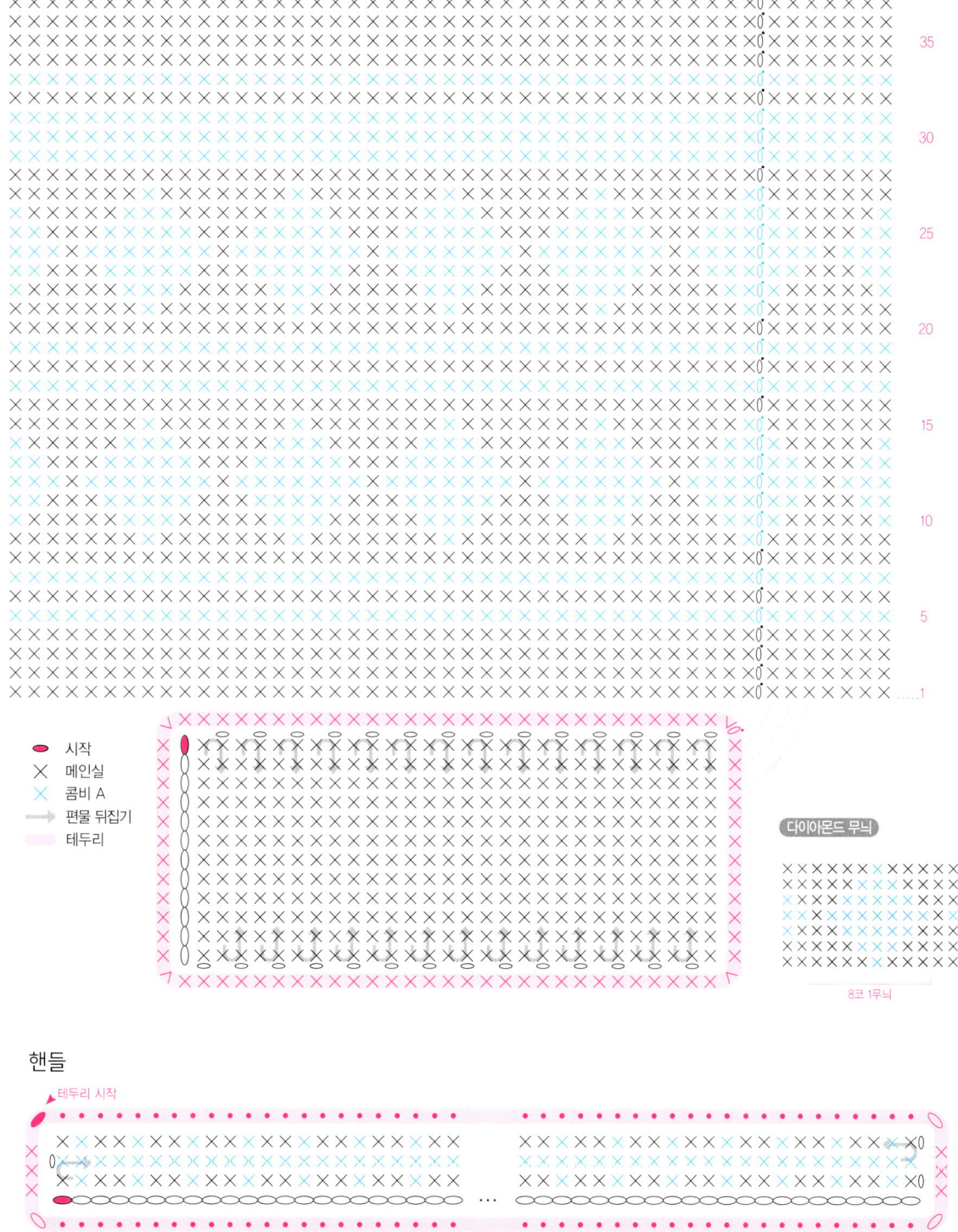

스트라이프 쇼퍼백

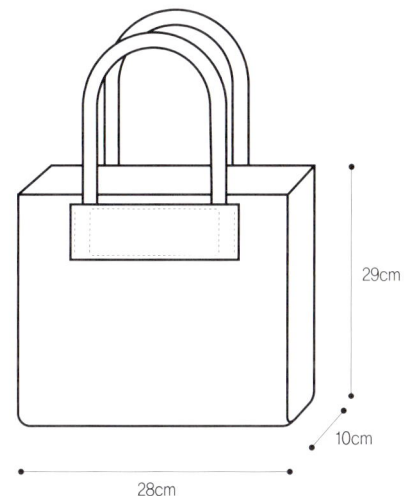

실	무지얀 메인 3볼, 콤비A 1볼
코바늘	코바늘 8/0호
사이즈	가로 28 x 세로 29cm, 폭 10cm
부자재	토트손잡이

How to make
스트라이프쇼퍼백

바닥 뜨기(메인실)

1~13단
- 실을 두 겹으로 뜬다.
- 사슬뜨기 32코로 시작코를 만든다.
- 편물을 뒤집어가며 짧은뜨기로 13단 뜬다.

테두리
- 바닥 테두리를 짧은뜨기로 한 바퀴 뜬다.(총 90코)

바닥 보강하기
- 플라스틱 네트망을 사이즈에 맞게 잘라서 봉제용 실과 바늘로 꿰매어 고정시킨다.

몸판 뜨기

1단
- 짧은뜨기를 1단 뜬다.

2단
- 짧은뜨기 1개 - 겹짧은뜨기* 1개를 번갈아 한 바퀴 뜬다.

3단
- 2단과 코가 엇갈리도록 짧은뜨기 1개 - 겹짧은뜨기 1개를 번갈아 뜬다.

4~5단
- 2, 3단을 한 번 더 반복한다.
- 2, 3단이 겹짧은뜨기 무늬 1set이다.

6~7단
- 콤비A로 바꿔 겹짧은뜨기 무늬 1set를 뜬다.

8~37단
- 메인실로 바꿔 [겹짧은뜨기 무늬 2set - 콤비 A실로 무늬 1set]를 반복하여 37단까지 뜬다.

38~39단
- 메인실로 겹짧은뜨기 무늬 1set를 뜬다.

40단
- 짧은뜨기를 1단 뜬다.

41단
- 마지막 단은 빼뜨기 1단으로 마무리한다.

가죽 부자재 연결하기
- 핸들을 몸통에 위치를 잡고 실로 돗바늘을 사용하여 꿰맨다.

겹짧은뜨기는 1단 아래 코에 바늘을 넣고 실을 끌어올려 짧은뜨기 한다.

몸판
29cm
41단
90코

바닥
사슬 32코(시작코), 13단
10cm

28cm

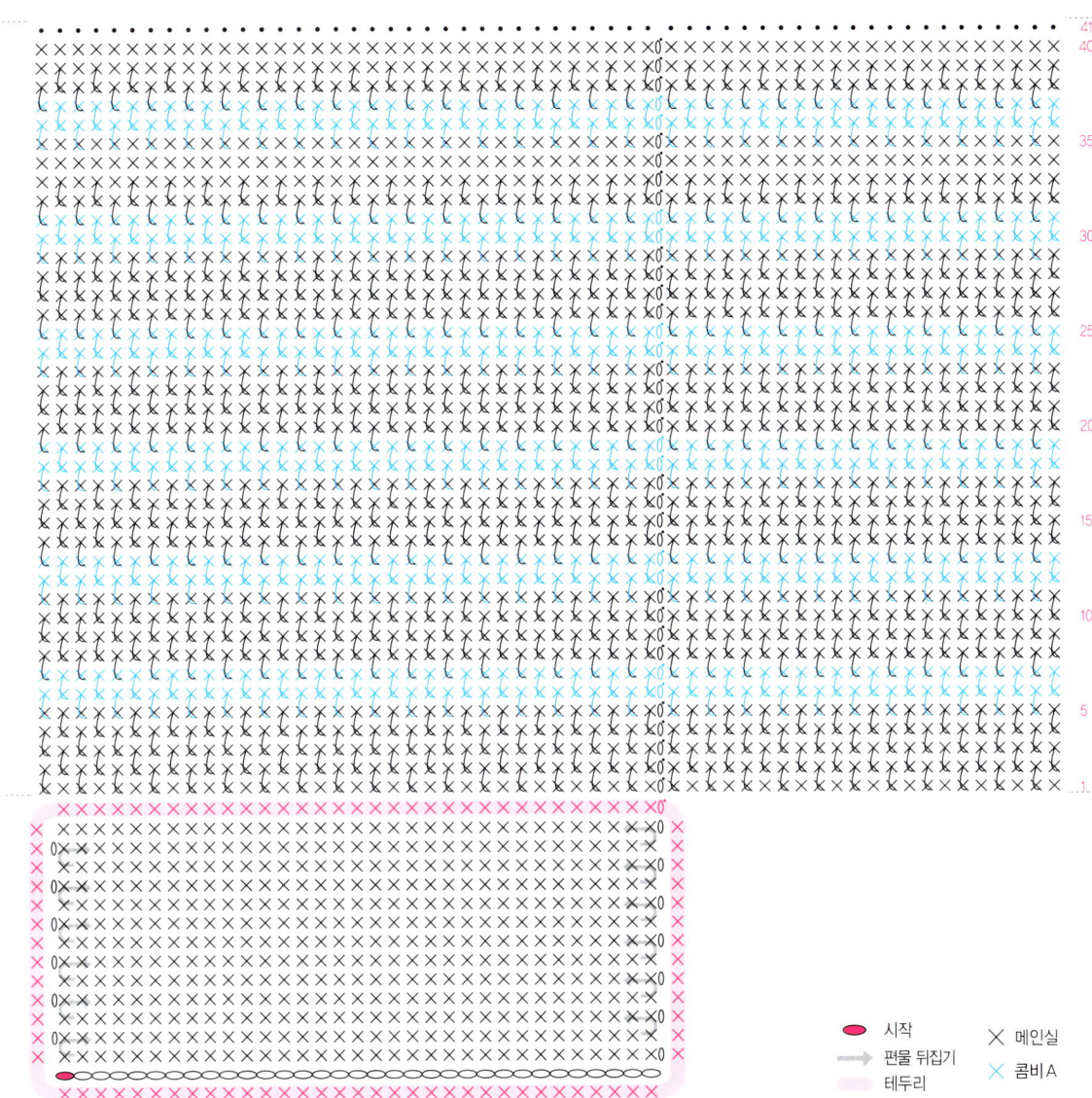

스트라이프 버킷백

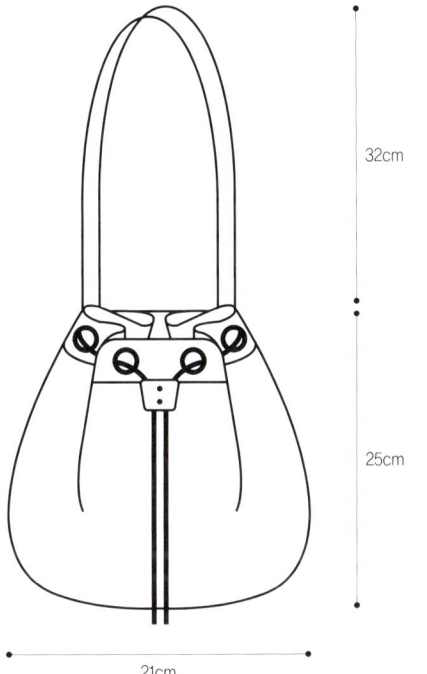

실	무지얀 메인 2볼, 콤비A 1볼
코바늘	코바늘 8/0호
사이즈	지름 21cm, 높이 25cm
부자재	통가죽 버킷백 입구, 숄더스트랩, 바닥 보강 원형 평판, 조임끈

How to make
스트라이프버킷백

원형 바닥 뜨기(메인실)
1단
- 실을 두 겹으로 뜬다.
- 매직링에 짧은뜨기 6코로 시작코를 만든다.
- 한 단에 6코씩 늘려가며 12단까지 뜬다.(총 72코)

바닥 보강하기
- 원형 평판을 사이즈에 맞게 잘라서 봉제용 실과 바늘로 꿰매어 고정시킨다.

몸판 뜨기
1단(메인실)
- 바닥면에서 코늘림 없이 짧은뜨기 1단 뜬다. (총 72코)

2단
- 짧은뜨기 1개 – 겹짧은뜨기 1개를 번갈아 한 바퀴 뜬다.

3단
- 2단과 코가 엇갈리도록 짧은뜨기 1개–겹짧은뜨기* 1개를 번갈아 뜬다.

4~5단
- 2, 3단을 한 번 더 반복한다.
  2, 3단이 겹짧은뜨기 무늬 1set이다.

6~7단(콤비 A실)
- 겹짧은뜨기 무늬 1set를 뜬다.

8~31단
- 메인실로 바꿔 [겹짧은뜨기 무늬 2set – 콤비 A실로 무늬 1set]를 반복하여 31단까지 뜬다.

32~33단(메인실)
- 겹짧은뜨기 무늬 1set를 뜬다.

34~35단(메인실)
- 짧은뜨기를 2단 뜬다.

가죽 부자재 연결하기
- 메인실을 돗바늘에 끼우고 마지막 단에 버킷백 입구를 꿰맨다.

겹짧은뜨기는 1단 아래 코에 바늘을 넣고 실을 끌어올려 짧은뜨기 한다.

몸판 35단 — 25cm
바닥 12단 — 21cm
21cm

● 빼뜨기	✕ 짧은뜨기	⅄ 겹짧은뜨기
○ 사슬뜨기	V 짧은뜨기 두 코 늘려뜨기	

- ● 시작
- ✕ 메인실
- ✕ 콤비 A

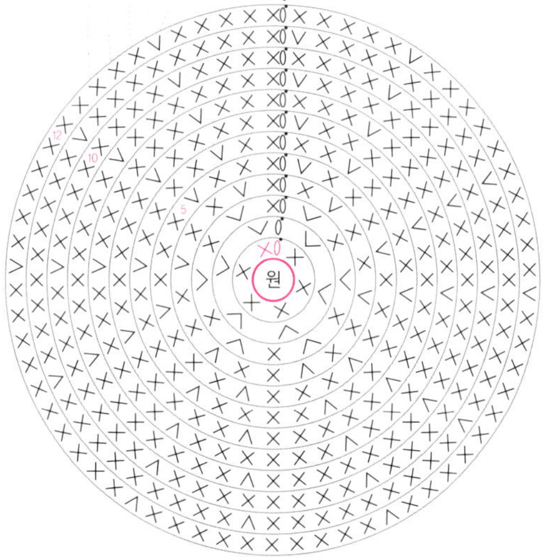

바닥 코 늘리기

단	코수
1	6
2	12
3	18
4	24
5	30
6	36
7	42
8	48
9	54
10	60
11	66
12	72

숄더스트랩

- 디링고리에 숄더스트랩의 개고리를 연결한다.

레더앤라피아백
몸판 뜨기

헤링본뜨기

레더앤라피아백

실	무지얀 3볼
코바늘	코바늘 8/0호
사이즈	가로 26 x 세로 25cm, 폭 8cm
부자재	바닥 보강 네트망, 통가죽 캐리어

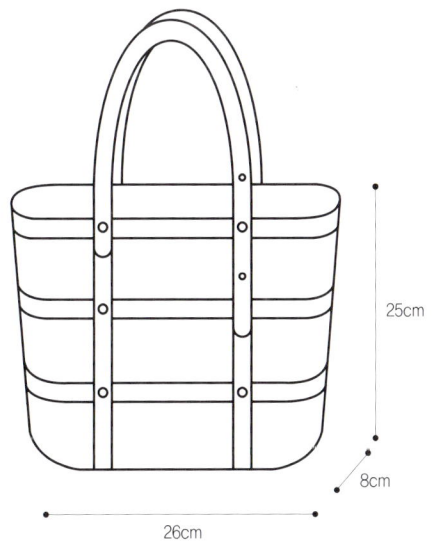

25cm
8cm
26cm

How to make
레더앤라피아백

바닥 뜨기
1~16단
- 실을 두 겹으로 뜬다.
- 사슬뜨기 7코로 시작코를 만든다.
- 편물을 뒤집어가며 짧은뜨기로 29단 뜬다.

테두리
- 바닥 테두리를 짧은뜨기로 한 바퀴 뜬다. 모서리 네 곳은 2코씩 늘린다.(총 80코)

바닥 보강하기
- 플라스틱 네트망을 사이즈에 맞게 잘라서 봉제용 실과 바늘로 꿰매어 고정시킨다.

몸판 뜨기
1단
- 이랑 헤링본뜨기를 1단 뜬다.(순방향)

2단
- 편물을 뒤집어 안쪽을 보고 헤링본뜨기를 1단 뜬다.(역방향)
- 1, 2단이 헤링본 스티치로 1set이다.

3~30단
- 편물을 돌려가며 헤링본 스티치를 14set (30단까지) 더 뜬다.

31단
- 마지막은 빼뜨기 1단으로 마무리한다.

캐리어
- 통가죽 캐리어 안에 편물을 넣는다.

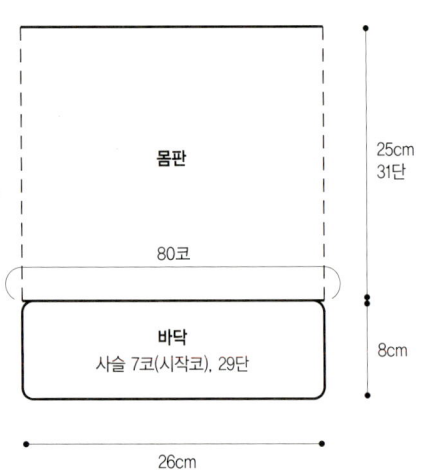

헤링본뜨기는
이전 코의 왼쪽 실 한 가닥과 다음 코에 바늘을 넣고 짧은뜨기 한다.

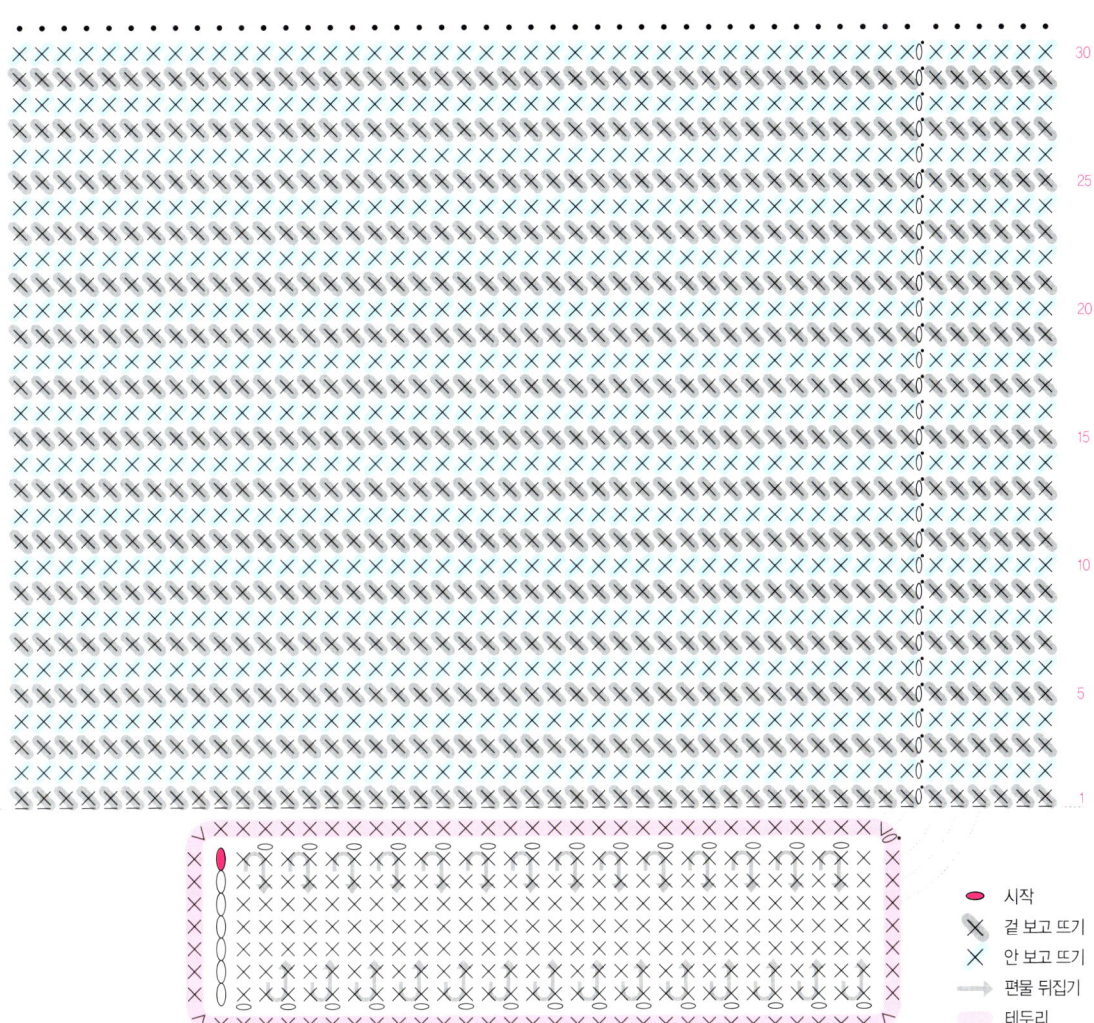

로빈 토트백

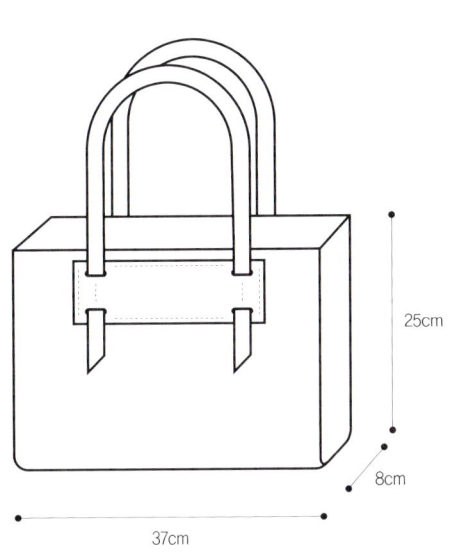

Large

실	무지얀 4볼
코바늘	코바늘 8/0호
사이즈	가로 37 x 세로 25cm, 폭 8cm
부자재	바닥 보강 네트망, 통가죽 핸들띠, 숄더스트랩, D링고리세트

Small

실	무지얀 2볼
코바늘	코바늘 8/0호
사이즈	가로 27 x 세로 20cm, 폭 8cm
부자재	바닥 보강 네트망, 통가죽 핸들띠, 숄더스트랩, D링고리세트

How to make
로빈토트백 Large

바닥 뜨기
1~9단
- 실을 두 겹으로 뜬다.
- 사슬뜨기 43코로 시작코를 만든다.
- 편물을 뒤집어가며 짧은뜨기로 9단 뜬다.

바닥 보강하기
- 플라스틱 네트망을 사이즈에 맞게 잘라서 봉제용 실과 바늘로 꿰매어 고정시킨다.

몸판 뜨기(앞판)
1단
- 바닥면에 이어서 43코를 이랑 짧은뜨기로 1단 뜬다.

2단
- 짧은뜨기 1개 – 겹짧은뜨기 1개를 번갈아 한 바퀴 뜬다.

3단
- 2단과 코가 엇갈리도록 짧은뜨기 1개 – 겹짧은뜨기* 1개를 번갈아 뜬다.

4~42단
- 2, 3단을 반복하여 42단까지 올린다.

몸판 뜨기(뒤판)
1단
- 바닥면 반대쪽에 43코를 주워 이랑 짧은뜨기로 1단 뜬다.

2~42단
- 앞판과 같은 방법으로 뜬다.

옆면
- 사슬뜨기 9코로 시작코를 만든다.
- 편물을 뒤집어가며 짧은뜨기로 41단을 뜬다.
- 마지막 단을 제외한 세변을 짧은뜨기로 1단 뜬다.
- 옆면을 2장 뜬다.

연결하기
- 가방 몸판이 위로 오게 한 후, 옆면 41코 – 바닥 9코 – 옆면 41코를 ㄷ자로 돌려 짧은뜨기로 연결한다.
- 반대편도 같은 방법으로 연결한다.

가죽 부자재 연결하기
- 가죽용 실과 바늘을 사용하여 D링고리와 핸들을 꿰맨다.

숄더스트랩
- D링고리에 숄더스트랩의 개고리를 연결한다.

겹짧은뜨기는
1단 아래 코에 바늘을 넣고 실을 끌어올려 짧은뜨기 한다.

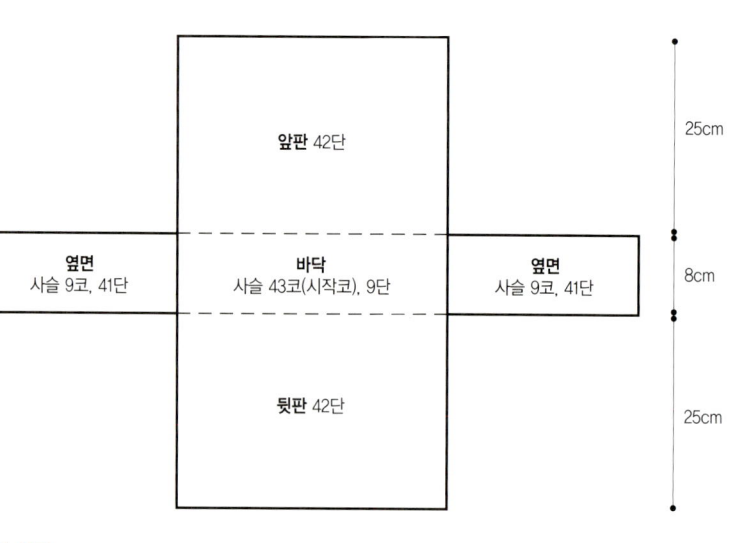

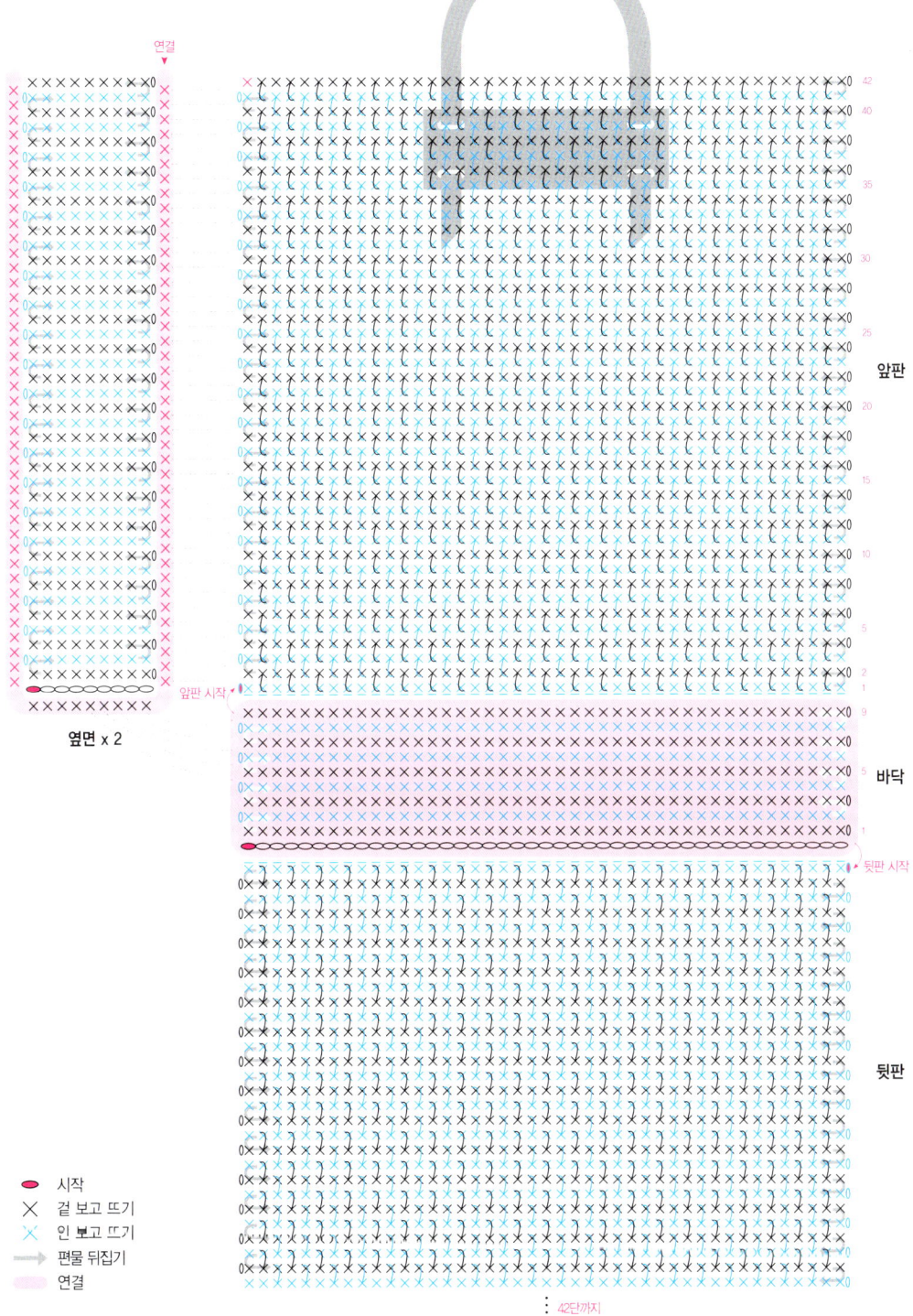

How to make
로빈토트백 Small

바닥 뜨기
1~9단
- 실을 두 겹으로 뜬다.
- 사슬뜨기 27코로 시작코를 만든다.
- 편물을 뒤집어가며 짧은뜨기로 9단 뜬다.

바닥 보강하기
- 플라스틱 네트망을 사이즈에 맞게 잘라서 봉제용 실과 바늘로 꿰매어 고정시킨다.

몸판 뜨기(앞판)
1단
- 바닥면에 이어서 27코를 이랑 짧은뜨기로 1단 뜬다.

2단
- 짧은뜨기 1개 - 겹짧은뜨기 1개를 번갈아 한 바퀴 뜬다.

3단
- 2단과 코가 엇갈리도록 짧은뜨기 1개 - 겹짧은뜨기* 1개를 번갈아 뜬다.

4~25단
- 2, 3단을 반복하여 25단까지 올린다.

몸판 뜨기(뒤판)
1단
- 바닥면 반대쪽에 27코를 주워 이랑 짧은뜨기로 1단 뜬다.

2~25단
- 앞판과 같은 방법으로 뜬다.

겹짧은뜨기는
1단 아래 코에 바늘을 넣고 실을 끌어올려 짧은뜨기 한다.

옆면
- 사슬뜨기 9코로 시작코를 만든다.
- 편물을 뒤집어가며 짧은뜨기로 24단을 뜬다.
- 마지막 단을 제외한 세변을 짧은뜨기로 1단 뜬다.
- 옆면을 2장 뜬다.

연결하기
- 가방 몸판이 위로 오게 한 후, 옆면 24코 – 바닥 9코 – 옆면 24코를 ㄷ자로 돌려 짧은뜨기로 연결한다.
- 반대편도 같은 방법으로 연결한다.

가죽 부자재 연결하기
- 가죽용 실과 바늘을 사용하여 D링고리와 핸들을 꿰맨다.

숄더스트랩
- D링고리에 숄더스트랩의 개고리를 연결한다.

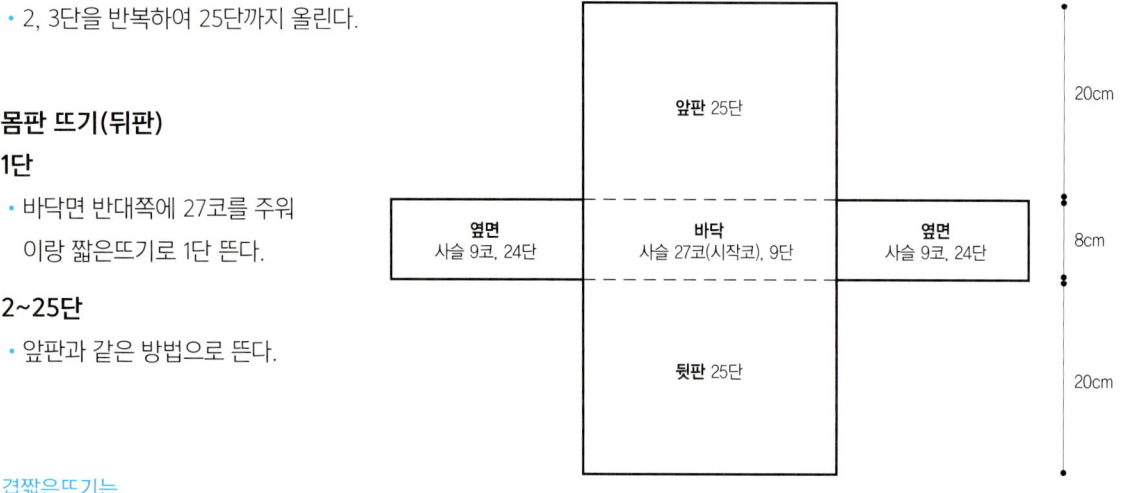

158

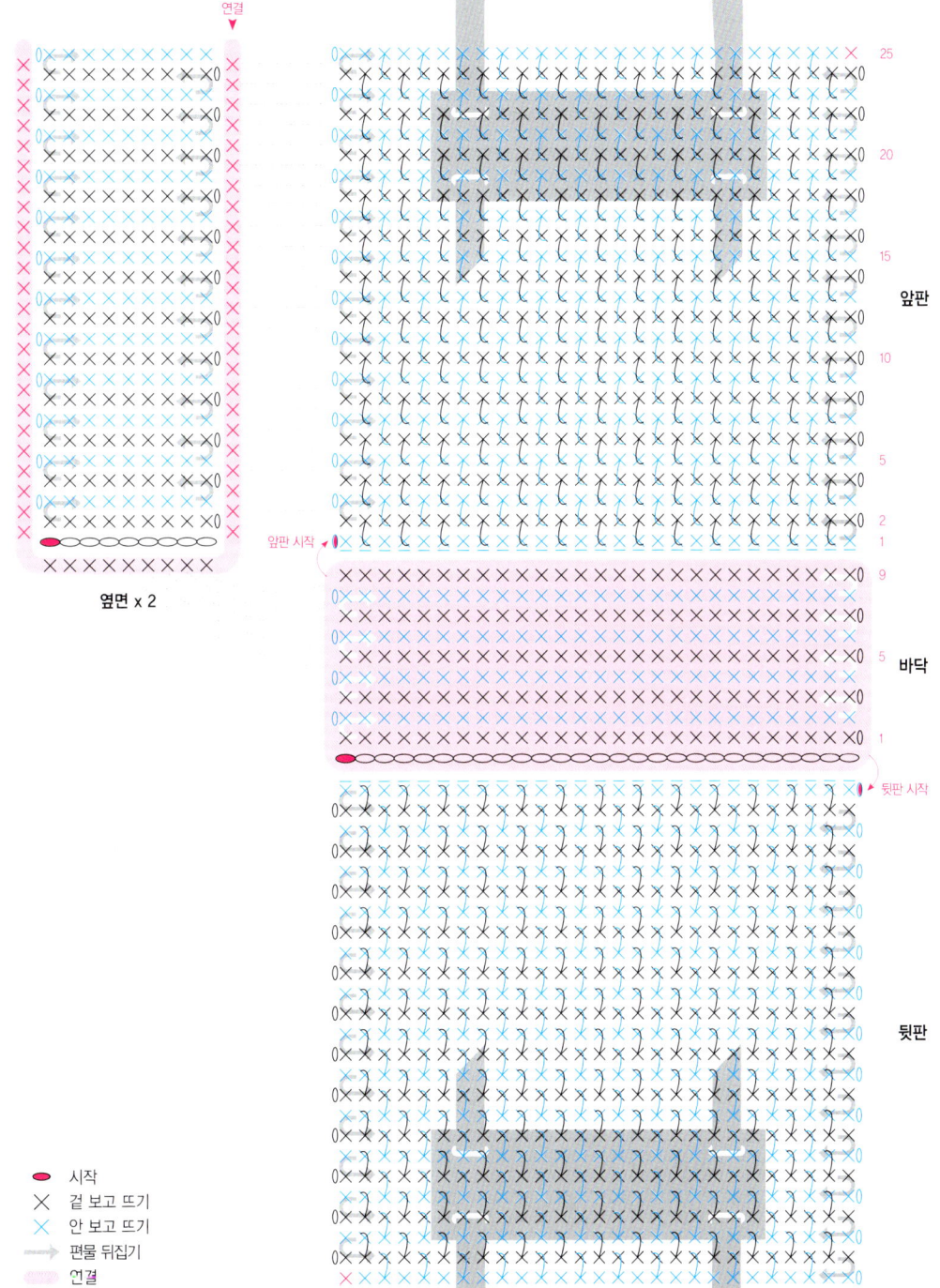

crochet essay
뜨개가방의 매력

뜨개가방의 매력은 뜨개를 하는 개인의 관점과 뜨개가방을 생산하는 명품 기업의 관점, 디자이너의 관점으로 나누어 생각할 수 있다.

먼저 개인의 취미 관점에서 보면 가방 뜨개는 스웨터 같은 의복을 뜨는 것에 비해 시간과 비용이 적게 들고, 뜨기 쉬우며 크기가 몸에 맞을지 걱정할 필요도 없다. 실이나 키트를 사서 유튜브를 보면서 비교적 쉽게 가방을 만들 수 있다. 미싱이나 패턴, 다른 원부자재도 필요 없이 실과 바늘만 있으면 된다. 작업장도 딱히 필요 없다. 얼마나 스마트한가? 유튜브에 다양한 뜨개가방 동영상이 무료로 오픈되어 있어 원하는 색상과 사이즈, 패턴을 얼마든지 만들 수 있다. 기본적인 도안 보기만 배우면 얼마든지 응용하여 자신이 원하는 가방을 디자인해서 만들어 낼 수 있다. 핀터레스트를 보면서 새로운 가방을 기획할 수도 있고, 새로운 뜨개 방법을 리서치 할 수도 있어, 창작욕구를 채울 수도 있다. 친구나 친지에게 정성을 담은 선물로도 손색이 없다.

보통 가방 하나의 샘플 작업을 하려면, 디자인 후 원자재와 부자재를 구매하여 종이 패턴을 제작하고, 재단하고 나서 접착제와 미싱을 사용하여 만든다. 그러다 보니 샘플 한 개를 만드는 비용이 만만치 않다. 그러나 뜨개가방은 실과 바늘 그리고 약간의 부자재만 있으면 얼마든지 만들어 낼 수 있다.

가방을 생산하려면 먼저 원부자재를 수급해야 하는데 대부분의 원자

재는 MOQ(Minimum Order Quantity)가 있다. 그래서 원하는 수량, 특히 작은 수량은 생산하기 어렵다. 현장에 생산을 투입하려면 재단, 조립 등 과정별 기술자가 따로 있어서 수량이 적으면 투입하기 어렵다. 하지만 뜨개가방은 재단이나 조립 과정이 따로 없어 생산 과정이 단순한 편이라 적은 수량도 생산하기 좋다.

'한땀 한땀'이라는 명품 가방의 조건을 충족시킨다.

뜨개가방은 한땀 한땀 만드는, 정성이 가득 들어간 수제품이다. 가방을 뜨는 과정 자체가 명품 가방의 제작 조건과 동일하다. 또한 일반 가죽 핸드백의 임가공비용이 많이 비싸져서 뜨개가방의 제작비용과 별 차이가 없다. 뜨개가방은 핸드메이드이기 때문에 그 가방만의 희소성이 있다. 다른 일반적인 가방에 비해서 코지하고 유니크한 면이 있다. 기존의 가방의 형식이나 형태를 부정하고 새로운 스타일의 가방을 만들 수 있어서 아방가르드하다. 뜨개가방은 원단, 즉 실을 자유자재로 변형시킬 수 있다. 새로운 뜨개법으로 패턴을 만들 수도 있고, 실의 색상 콤비로 새로운 패턴이나 그림을 넣을 수도 있다. 실의 종류에 따라 새로운 텍스처와 느낌을 구현할 수 있다. 그리고 기획자가 직접 원하는 크기나 스타일로 만들 수 있고, 맘에 들지 않으면 언제든지 풀어서 다시 뜨면 된다. 기획자의 의도를 비교적 쉽게 구현할 수 있다.

이렇게 장점과 매력이 많은 뜨개가방은 앞으로 새로운 장르, 카테고리로 자리 잡을 것이고, 다양하고 유니크한 새로운 스타일이 많이 나오게 될 것이다.

How to make

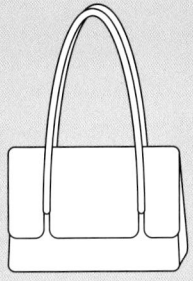

네트얀

 망뜨기

 가방끈과 연결

미니멈 토트백

실	네트얀 메인 2볼, 콤비A 1볼
코바늘	코바늘 7/0호, 8/0호
사이즈	가로 33 x 세로 20cm, 폭 9cm
부자재	하마나카 망 6mm, 자석 단추

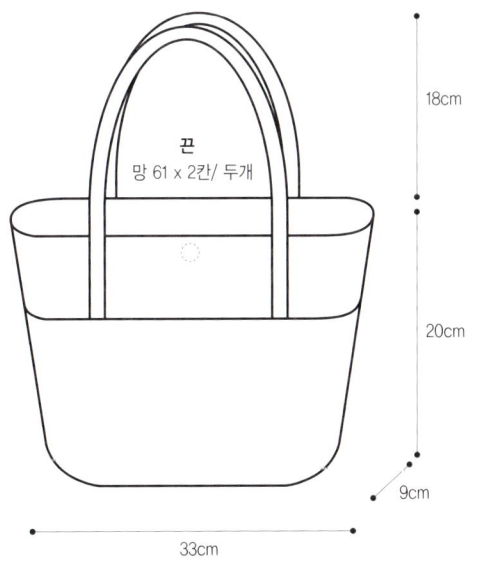

끈
망 61 x 2칸/ 두개

18cm
20cm
9cm
33cm

165

How to make
미니멈토트백

바닥 뜨기
1단
- 가로 25칸, 세로 12칸짜리 망 2개를 준비한다.
- 망을 두 겹으로 겹치고 7호 코바늘을 쓴다.
- 모서리 칸부터 실을 걸고 빼뜨기를 1단 뜬다.

2~12단
- 옆으로 한 칸 옮겨 빼뜨기 하나 하고, 왔던 방향으로 다시 빼뜨기를 1단 뜬다.
- 한 단씩 지그재그로 빼뜨기를 12단 뜬다.
- 바닥 테두리를 짧은뜨기로 한 바퀴 뜬다. 모서리는 짧은뜨기를 3번씩 한다.(총 78코)
- 바닥 세로 부분은 빼뜨기한 코에 바늘을 넣고 짧은뜨기 한다.
- 마지막 짧은뜨기 코를 단수링으로 표시한다.

X자 짧은뜨기는 코에 바늘을 넣고, 짧은뜨기 할 때와 반대 방향으로 실을 감아 뜬다. 실이 X자로 한 번 꼬아 떠지기 때문에 단이 비교적 수직으로 올라간다.

몸판 뜨기
1~18단
- 8호 코바늘을 쓴다. 기둥코 없이 바로 첫코에 X자 짧은뜨기를 한다.
- 기둥코, 빼뜨기 없이 나선형으로 이어서 18단까지 뜬다. 표시해놓은 단수링으로 몇 단인지 확인한다.
- 몸판을 납작하게 접어 양옆에서 10코 들어온 위치를 체크한다.(가방끈 연결할 위치)
- 개인차가 있으니 옆선에서 10코까지만 모자란 콧수만큼 뜬다. 빼뜨기 하나 하고 실을 정리한다.

19~25단(콤비 A실)
- 실 색깔을 바꿔 다시 X자 짧은뜨기를 한다. 7단 올리고, 빼뜨기 하나 하고 실을 정리한다.

핸들 만들기
- 가로 61칸, 세로 2칸짜리 망 2개를 준비한다. 7호 코바늘을 쓴다. 한 칸에 두 단씩 지그재그로 빼뜨기 한다.(총 4단) 가방끈을 2개 만든다.
- 옆선에서 10코 안쪽으로 들어와 돗바늘로 끈을 연결한다. 단과 단 사이를 홈질하듯 꿰맨다.
- 끈 4곳을 모두 연결한다.

자석 단추 달기
- 가방 입구 안쪽에 자석 단추를 달아준다.
- 가방 중앙, 마지막 단에서 1단 내려온 곳에 위치를 잡고, 돗바늘에 실을 꿰어 자석 단추 네 귀퉁이를 고정한다.
- 안쪽 마주보는 위치에 같은 방법으로 자석 단추를 달아준다.

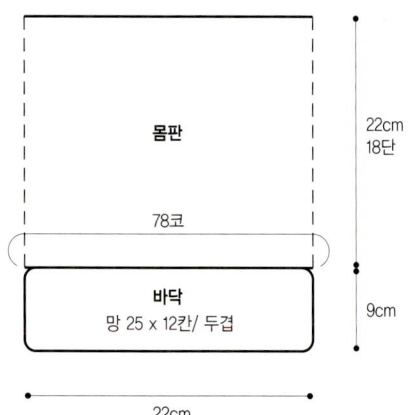

● 빼뜨기   ○ 사슬뜨기   ✕ 짧은뜨기   ✕ X자 짧은뜨기

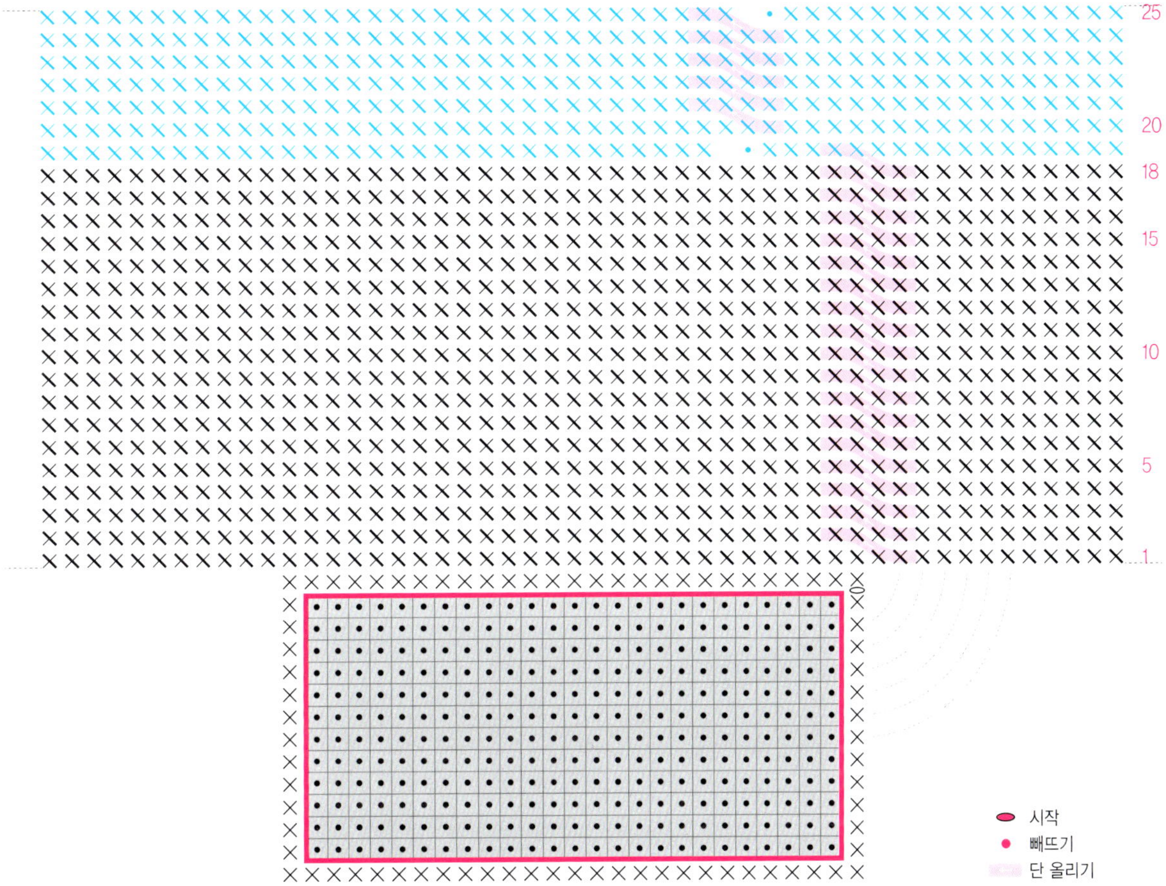

● 시작
● 빼뜨기
□ 단 올리기

망 자르기

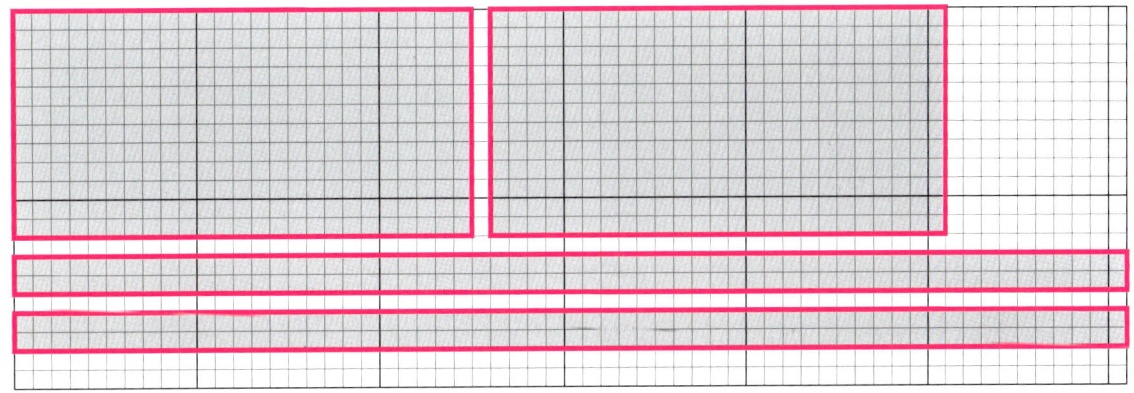

How to make
미니멈클러치

실   네트얀 메인 2볼, 콤비A 1볼
코바늘   코바늘 8/0호
사이즈   가로 28 x 세로 20cm, 폭 2cm
부자재   지퍼아대

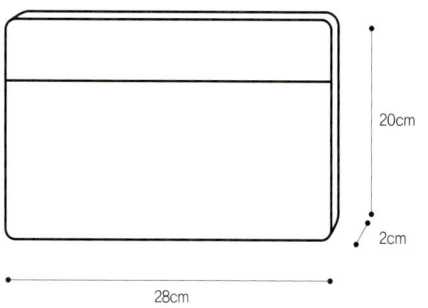

바닥 뜨기
1단
- 사슬뜨기 38코로 시작코를 만든다.
- 사슬 하나(기둥코) 하고 첫 코부터 반대쪽까지 짧은뜨기를 뜬다. 마지막 코에 짧은뜨기를 3개 뜨고, 다시 처음으로 돌아오면서 첫 코에 짧은뜨기를 2개 더 뜨고 빼뜨기 한다.(총 78코)

몸판 뜨기
1단
- 사슬 하나(기둥코) 하고 뒤걸어 짧은뜨기*를 1단 뜬다.

2~21단
- X자 짧은뜨기*를 21단까지 뜬다.

21~29단(콤비 A실)
- 실 색깔을 바꿔서 X자 짧은뜨기를 8단 더 뜬다.

지퍼 달기
- 배색 중간 부분(콤비 A실의 4, 5단 사이)에 돗바늘로 구멍을 맞춰 홈질한다.
- 한 코 – 두 코 띄우고 – 한 코 – 두 코 띄우고, 겉에서 봤을 때 규칙적인 땀이 나오도록 조절하여 꿰맨다.

X자 짧은뜨기는
코에 바늘을 넣고, 짧은뜨기 할 때와 반대 방향으로 실을 감아 뜬다. 실이 X자로 한 번 꼬아 떠지기 때문에 단이 비교적 수직으로 올라간다.

뒤걸어 짧은뜨기는
아래 단의 기둥을 뒤쪽으로 걸어 짧은뜨기와 같은 요령으로 뜬다 수직으로 꺾어 올라가기 때문에 편물의 각을 세우는데 유용하다.

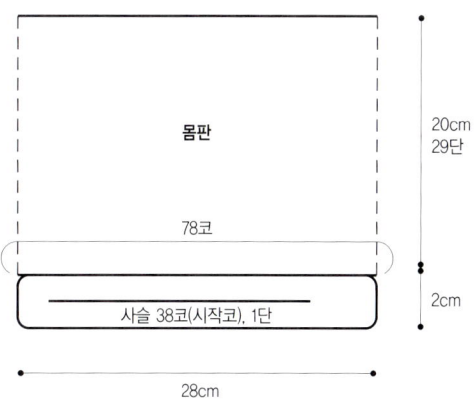

 칠보뜨기

 연결하기

샤론 네트 백

실 네트얀 2볼
코바늘 코바늘 8/0호
사이즈 가로 30 x 세로 28cm, 핸들 18cm
부자재 광목 파우치

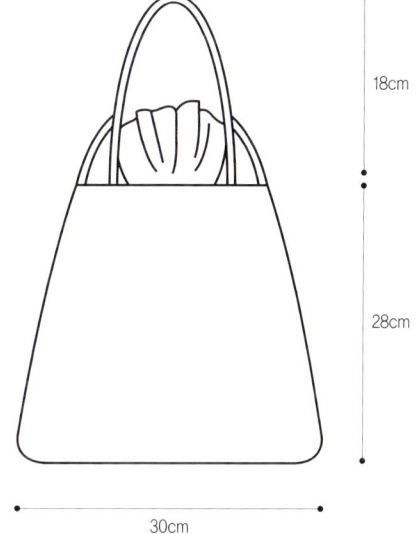

18cm
28cm
30cm

How to make
샤론네트백

몸판 뜨기
- 칠보뜨기* 16개를 한다. 이때, 실을 빼는 정도가 네트(마름모)의 크기가 된다. 짧은뜨기 할 때 타이트하게 당겨서 뜬다

1단
- 칠보뜨기 2개 하고, 아랫단의 칠보뜨기 2개를 건너뛰고 짧은뜨기 하나 한다. 한 단 뜨면 ◇무늬가 8개 나온다.

2~37단
- 편물을 뒤집어 칠보뜨기 3개 한다. 아랫단의 칠보뜨기 1개를 건너뛰고 짧은뜨기 하나 한다.(단의 처음만)
- [칠보뜨기 2개 - 아랫단의 칠보뜨기 2개를 건너뛰고 짧은뜨기 1개]를 반복하여 반대쪽까지 뜬다.
- 편물을 뒤집어가며 반복해서 27단까지 뜬다.

옆면 뜨기
오른쪽
- 편물을 반으로 접어 완전히 포개어지도록 맞춘다. (좌우 모양이 다르니 유의한다.)
- 오른쪽 옆선을 보면 마름모 7개가 겹쳐 있다.
- 가방 아래부터 위까지 짧은뜨기 1개 - 사슬 3개로 연결한다.

왼쪽
- 왼쪽 옆선은 마름모 6개가 겹쳐 있다. 가방 아래부터 위까지 짧은뜨기 1개 - 사슬 3개로 연결한다.

끈 뜨기
- 옆면을 연결한 실을 이어서 칠보뜨기를 20개 한다.
- 칠보뜨기 2개 하고, 칠보뜨기 2개 건너뛰고 짧은뜨기 하나를 반복하여 끈 시작부분까지 뜬다.(마름모 10개)
- 옆선 끈의 좌우로 보조끈을 만든다.
- 옆선에서 칠보뜨기 3개 건너뛰고 새로 실을 걸어 짧은뜨기 하나로 고정한다. 계속해서 칠보뜨기를 4개 한다.
- 옆선 끈의 마름모 2개 지난 코에 빼뜨기로 고정하고, 다시 칠보뜨기를 4개 한다.
- 칠보뜨기 3개 건너뛰고 짧은뜨기 한다.
- 반대쪽 옆선도 같은 방법으로 보조끈을 만든다.

칠보뜨기는
실을 길게 뺀 후, 왼쪽 실을 잡고 걸어 짧은뜨기 한다.

실 정리하기
칠보뜨기 짜임의 특성상 실을 감추는게 어렵다. 뜨개실의 단면에서 실 한가닥을 잡아당겨보면 스르륵 풀린다. 적당량 잘라 바늘에 끼워 같은 실로 꿰매는게 깔끔하다.

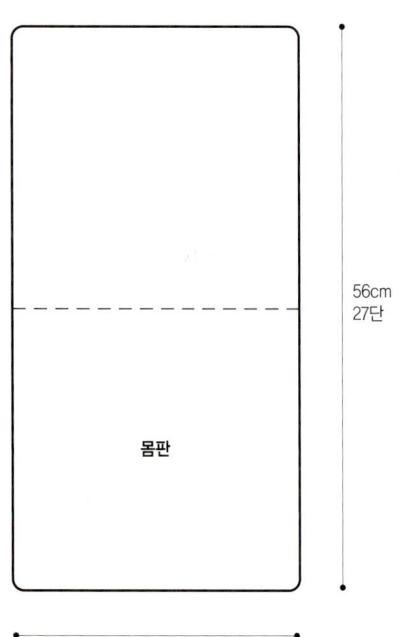

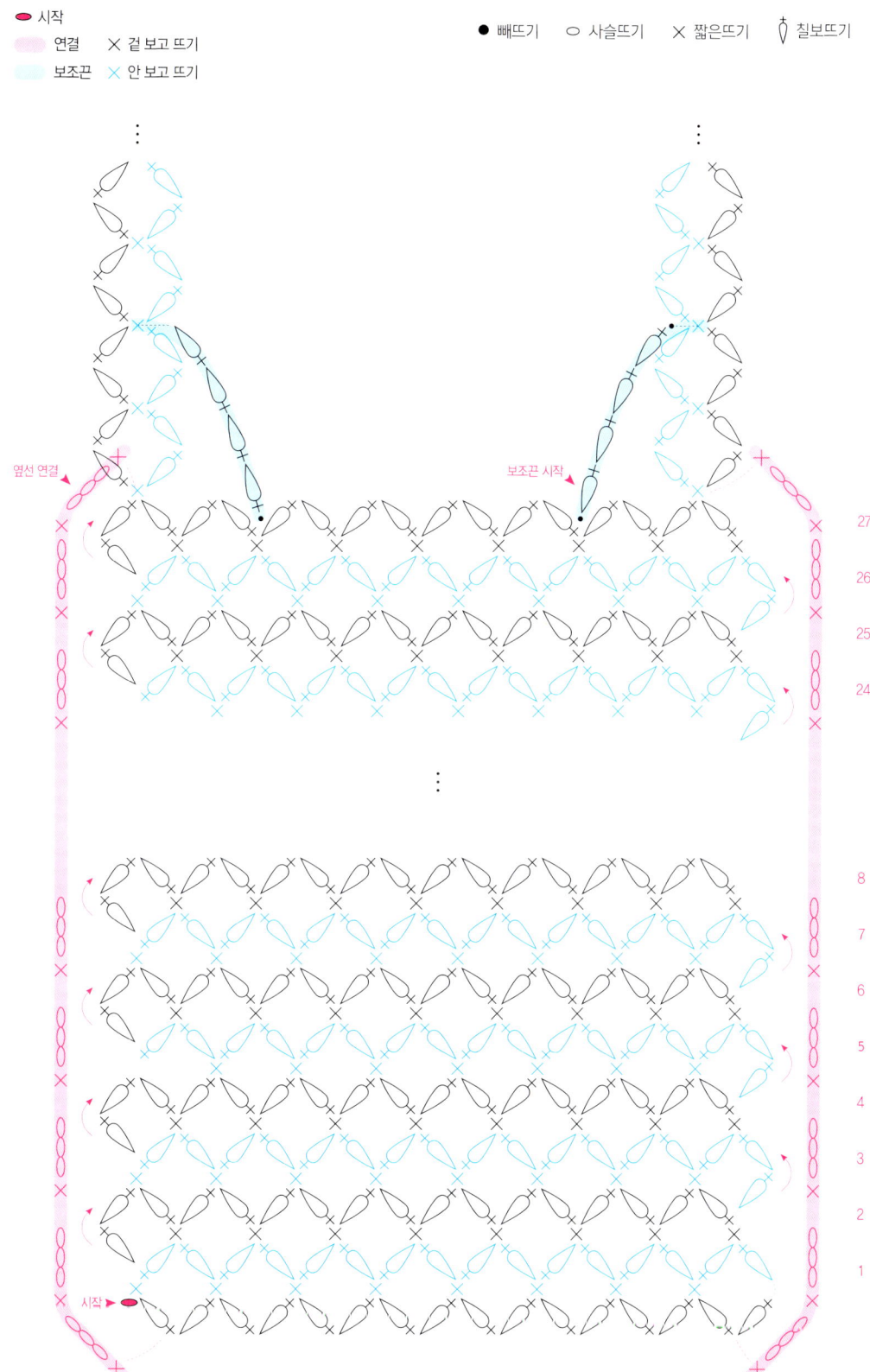

에밀리 네트 백

실	네트얀 3볼
코바늘	코바늘 7/0호
사이즈	가로 36 x 세로 32cm, 핸들 29cm
부자재	베루핸들세트

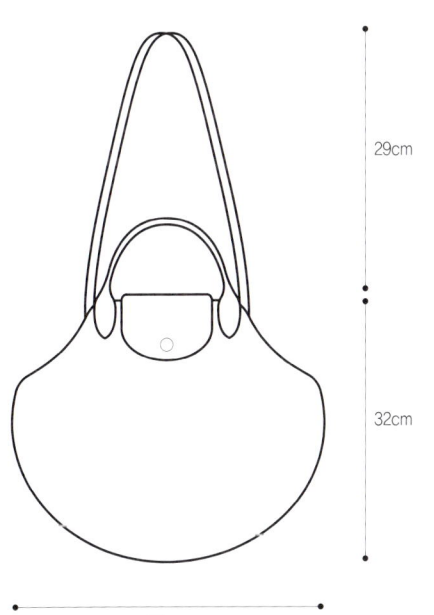

How to make
에밀리네트백

몸판 뜨기
1단
- 사슬뜨기 55코로 시작코를 만든다.
- 사슬 하나(기둥코) 하고 첫 코에 짧은뜨기 하나 뜨고 [사슬 7개 – 두 코 건너뛰고 짧은뜨기 1개]를 반복하여 반대쪽까지 뜬다.

2단
- 편물을 뒤집어 사슬 4개(기둥코) 하고, 사슬 3개를 더 뜬다. 아랫단의 사슬뜨기 공간에 짧은뜨기를 1개 뜬다. [사슬 7개 – 짧은뜨기 1개]를 반복하여 1단을 뜬다. 마지막 코는 두길긴뜨기로 뜬다.

3단
- 편물을 뒤집어 사슬 하나(기둥코) 하고 첫 코에 짧은뜨기 하나 뜨고, [사슬 5개 – 짧은뜨기 1개]를 반복하여 1단을 뜬다.

4단
- 편물을 뒤집어 사슬 3개(기둥코) 하고, 사슬 2개를 더 뜨고 짧은뜨기 하나 뜬다. [사슬 5개 – 짧은뜨기 1개]를 반복하여 1단을 뜬다. 마지막 코는 한길긴뜨기로 뜬다.

5~28단
- 3, 4단을 반복하여 28단까지 뜬다.

29~30단
- 1, 2단과 동일하게 뜬다.

31단
- 편물을 뒤집어 사슬 하나(기둥코) 하고 첫 코에 짧은뜨기 하나 뜨고, [사슬 2개 – 짧은뜨기 1개]를 반복하여 1단을 뜬다.

입구
1~7단
- 편물을 옆으로 돌려 상단(사슬뜨기 공간)에 짧은뜨기 1개씩 18코를 줍는다. 편물을 뒤집어가며 7단을 뜬다.
- 반대쪽 상단도 짧은뜨기 18코를 7단 뜬다.

핸들 뜨기
- 편물을 옆으로 돌려 방금 뜬 7단과 기둥부분(옆면), 반대쪽 상단 7단을 짧은뜨기 한다.(34코)
- 모서리에 와서 핸들 사슬 90개를 뜬다.
- 과정 1의 반대쪽도 동일하게 짧은뜨기 한다. 총 34코. 반대쪽 핸들도 사슬 90개를 뜬다.
- 핸들과 옆면을 쭉 짧은뜨기로 한 단 뜬다.
- 양쪽 핸들 안쪽을 빼뜨기로 마무리한다.

베루
- 베루와 핸들세트를 위치에 봉제용 실과 바늘로 꿰매어 고정시킨다.

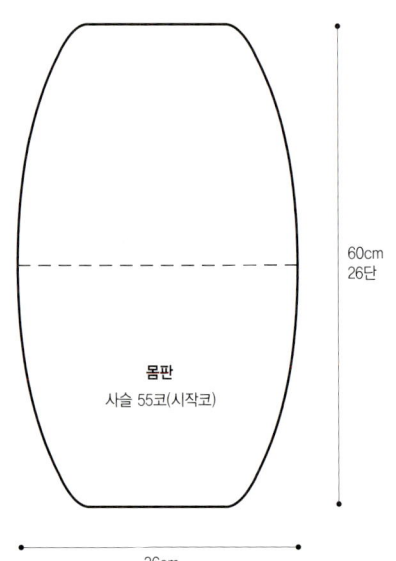

몸판
사슬 55코(시작코)

60cm
26단

36cm

몸판과 덮개뜨기

옆면과 가방끈

에이미백

실	네트얀 메인 1볼, 콤비A 1볼
코바늘	코바늘 9/0호
사이즈	가로 22 x 세로 16cm, 폭 7cm, 핸들 20cm

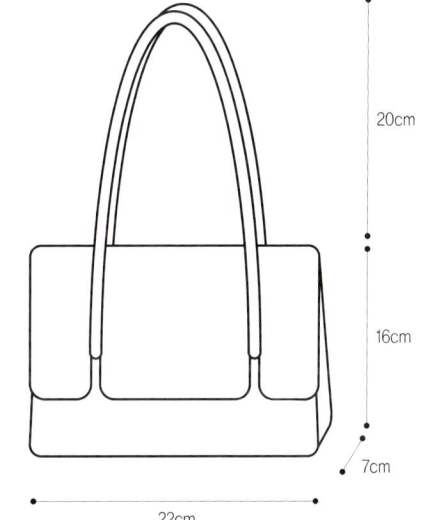

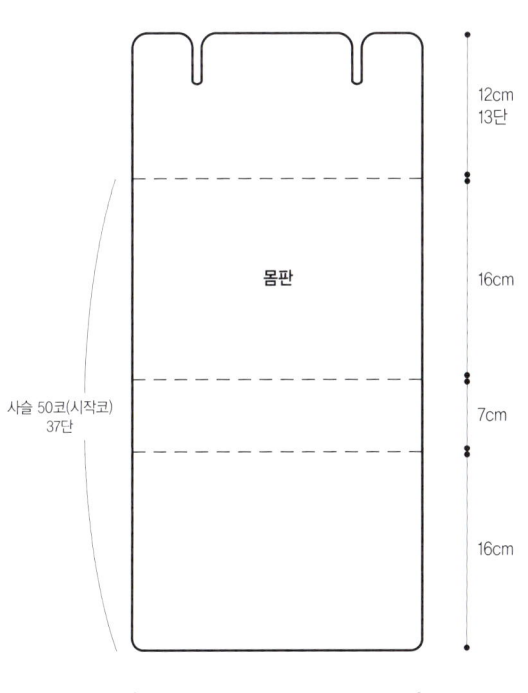

How to make
에이미백

몸판 뜨기
1~37단
- 사슬뜨기 50코로 시작코를 만든다.
- 편물을 뒤집어가며 37단까지 짧은뜨기 이랑뜨기를 한다.

덮개 뜨기(콤비 A실)
1단
- 사슬 하나(기둥코) 하고, 단과 단 사이 구멍에서 코를 주워 빼뜨기를 한 단 뜬다.(총 37코)

2단
- 편물을 뒤집어 사슬 하나(기둥코) 하고, [사슬 2개 - 두 코 건너뛰고 짧은뜨기 1개]를 반복하여 반대쪽까지 뜬다.

3단
- 편물을 뒤집어 사슬 3개(기둥코) 하고, 사슬 구멍에 한길긴뜨기 3코 구슬뜨기*를 한다. [사슬 2개 - 한길긴뜨기 3코 구슬뜨기]를 반복하여 1단을 뜬다.
- 마지막 코는 한길긴뜨기로 뜬다.

4~10단
- 편물을 뒤집어가며 2, 3단을 반복하여 10단까지 뜬다.

덮개 뜨기 Part 1
11단
- 11단부터 덮개가 세 부분으로 나뉘어진다.
- 사슬 3개 하고, 구슬뜨기 1개 - 사슬 2개 - 구슬뜨기 1개 - 사슬 1개 - 한길긴뜨기 1개를 뜬다.

12단
- 편물을 뒤집어 사슬 3개 - 짧은뜨기 1개 -사슬 2개 - 짧은뜨기 1개를 뜬다.

13단
- 편물을 뒤집어 사슬 3개(기둥코) 하고, 구슬뜨기 1개 - 사슬 2개 - 구슬뜨기 1개 - 사슬 1개 - 한길긴뜨기 1개를 한다.

덮개 뜨기 Part 2
11단
- 구슬뜨기 무늬 하나 띄우고, 실을 새로 건다.
- 사슬 3개 하고, [구슬뜨기 1개 - 사슬 2개] x 5번, 구슬뜨기 1개 - 사슬 1개 - 한길긴뜨기 1개를 뜬다.

12단
- 편물을 뒤집어 사슬 3개 하고, [짧은뜨기 1개 - 사슬 2개]를 5번 반복하고 마지막 코는 짧은뜨기 한다.

13단
- 11단과 같은 방법으로 뜬다.

덮개 뜨기 Part 3
- 구슬뜨기 무늬 하나 띄우고, 실을 새로 건다.
- 덮개 Part 1과 같은 방법으로 뜬다.
- 덮개 테두리를 짧은뜨기 1단으로 마무리한다.

한길긴뜨기 3코 구슬뜨기
미완성 한길긴뜨기를 3번 하고,
바늘에 걸린 실 네 가닥을 한 번에 빼낸다.

시작
단수링 표시
마지막 코
겉 보고 뜨기
안 보고 뜨기

빼뜨기
사슬뜨기
짧은뜨기
짧은뜨기 이랑뜨기
짧은뜨기 2코 늘려뜨기
한길긴뜨기
한길긴뜨기 3코 구슬뜨기

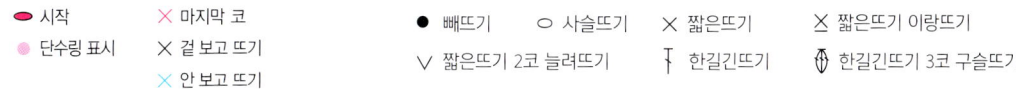

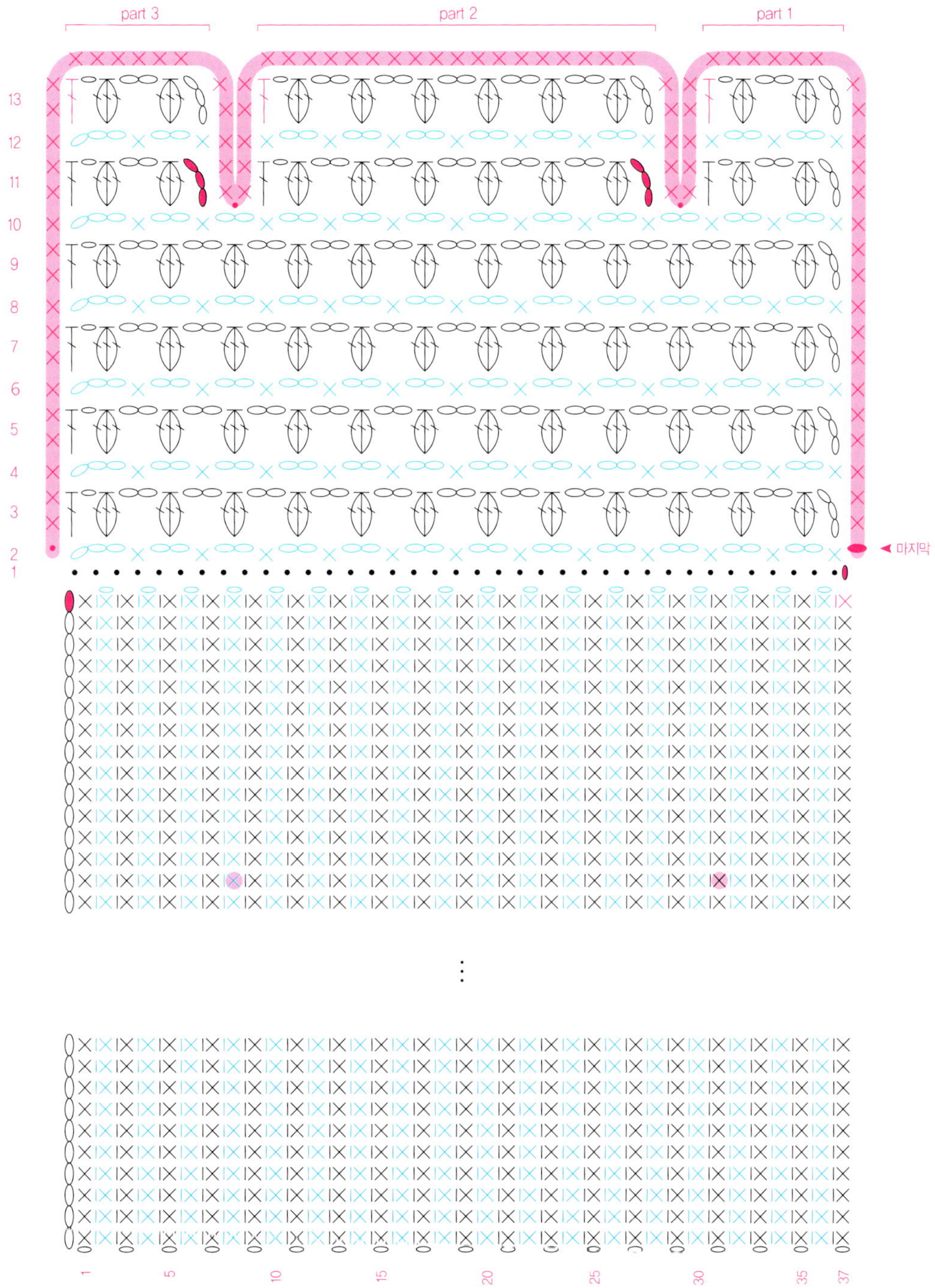

How to make
에이미백

옆면 뜨기
1단
- 사슬뜨기 13코로 시작코를 만든다.
- 사슬 하나(기둥코) 하고, 짧은뜨기를 1단 뜬다.

2단
- 편물을 뒤집어 사슬 하나(기둥코) 하고, 짧은뜨기를 1단 뜬다. 모서리 두 곳은 짧은뜨기 1개 – 사슬 2개 – 짧은뜨기 1개로 뜬다.

3~4단
- 짧은뜨기를 한 단 뜬다.
  모서리는 짧은뜨기 1개 – 사슬 2개 – 짧은뜨기 1개 한다. 첫 코와 마지막 코는 짧은뜨기를 2개 한다.

5단
- 짧은뜨기를 1단 뜬다.
- 옆면 윗 부분 라인을 따라 10코를 주워 짧은뜨기를 1단 뜬다.
- 몸판과 연결할 실을 1.5m정도 남겨두고 자른다.
- 같은 방법으로 옆면을 하나 더 만든다.

옆면 연결하기
- 몸판의 이랑뜨기한 단을 왼쪽에서 20번째, 오른쪽에서 20번째 코에 단수링으로 표시한다. 옆면을 겉으로 놓고 모서리코 두 곳을 단수링으로 표시한다.
- 몸판에서 한 단 안으로 들여, 한 단 안쪽 첫 코와 옆면 첫 코에 바늘을 넣고 꿰맨다.
- 다른쪽 옆면도 같은 방법으로 연결한다.

옆면을 뜰 때 윗 부분을 살짝 들어가게 뜨면, 완성된 후 옆면이 반으로 접힐 때 접힌 부분이 가방 밖으로 튀어나오지 않아 더 완성도 있는 가방이 된다.

핸들 뜨기
- 사슬뜨기 90코를 뜬 뒤, 사슬 하나(기둥코) 하고 빼뜨기를 1단 뜬다.
- 끈을 두 개 만든다.

핸들 연결하기
- 가방 앞쪽 몸판에 왼쪽에서 7단 안쪽, 위에서 15번째 코를 단수링으로 표시한다.
- 단수링을 중심으로 위, 아래 구멍에 실을 걸어 가방 안쪽으로 빼낸다. 안쪽에서 만난 두 실을 묶어준다. 몸판과 끈이 겹쳐지는 부분을 꿰맨다. 다른쪽 끈도 대칭으로 동일하게 고정한다.
- 가방 뒤쪽 몸판에 왼쪽에서 8단 안쪽, 위에서 14번째 코를 단수링으로 표시한다.
- 앞쪽과 같은 방법으로 끈을 고정한다.

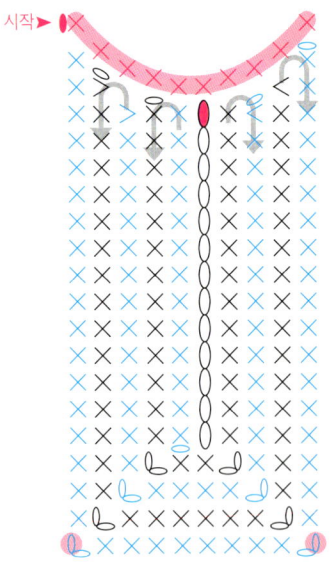

텀블러 캐리어

실 네트얀 1볼
코바늘 코바늘 8/0호
사이즈 지름 8cm, 높이 17cm,
핸들 15cm

How to make
텀블러캐리어

바닥 뜨기
1단
- 매직링에 짧은뜨기 8코로 시작코를 만든다.

2~4단
- 한 단에 8코씩 늘려가며 4단까지 원형뜨기를 한다.(총 32코)

옆면 뜨기
1단
- 사슬 2개(기둥코) 하고, 두 번째 코에 한길긴뜨기 한다. [사슬 1개 – 한길긴뜨기 2코 구슬뜨기*]로 1단을 뜬다.
- 한 바퀴 돌고 기둥코 끝(세 번째 사슬)에 빼뜨기 한다.

2~3단
- 사슬 2개(기둥코) 하고, 뒷코에 한길긴뜨기 한다.
- 사슬 하나 하고, 1단의 사슬 구멍에 한길긴뜨기 2코 구슬뜨기를 한다. [사슬 1개 – 한길긴뜨기 2코 구슬뜨기]로 1단을 뜬다.
- 2단의 구슬뜨기와 엇갈리도록 [사슬 1개 – 한길긴뜨기 2코 구슬뜨기]를 반복하여 3단까지 뜬다.

한길긴뜨기 2코 구슬뜨기는
미완성 한길긴뜨기를 2번 하고,
바늘에 걸린 실 세 가닥을 한 번에 빼낸다.

옆면 뜨기
4단
- 사슬 2개(기둥코) 하고, 한 코 건너뛰고 한길긴뜨기를 뜬다. 다시 사슬 3개 하고, 실을 한 번 감아 2코가 모아진 ㅅ모양의 코에 바늘을 넣고 한길긴뜨기 한다.(단의 처음만)
- X자 무늬 뜨는 방법은 다음과 같다.
바늘에 실을 두 번 감아 한 코 건너뛰고 미완성 한길긴뜨기를 한다. 실을 한 번 감아 한 코 건너뛰고 다시 미완성 한길긴뜨기를 한다. 실을 두 가닥씩 3번 뺀다. 사슬을 1개 뜬다. 실을 한 번 감아 두 코가 모아진 ㅅ모양의 코에 바늘을 넣고 한길긴뜨기를 뜬다.
- X자 무늬를 1단 뜬다.
한 단에 X자 무늬가 8개 들어간다.
- 윗 기둥코 끝(두 번째 사슬)에 빼뜨기 한다.
- 다음 단을 뜨기 전에 빼뜨기 2번으로 시작코를 옮긴다.

5~8단
- X자 무늬를 8단까지 올린다.

9단
- 마지막 단, 짧은뜨기를 한 단 뜬다.

입구
- 실을 이어서 사슬뜨기 50코를 뜬다. 반대편에 빼뜨기로 한 번 고정한다.
- 사슬 윗코에 바늘을 넣고 반대편까지 빼뜨기를 1단 뜬다.
- 돌아와서 옆면 마지막 단에 빼뜨기를 한 번하고 실을 정리한다.

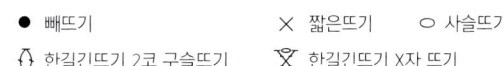

● 빼뜨기　　× 짧은뜨기　　○ 사슬뜨기
⧫ 한길긴뜨기 2코 구슬뜨기　　✕ 한길긴뜨기 X자 뜨기

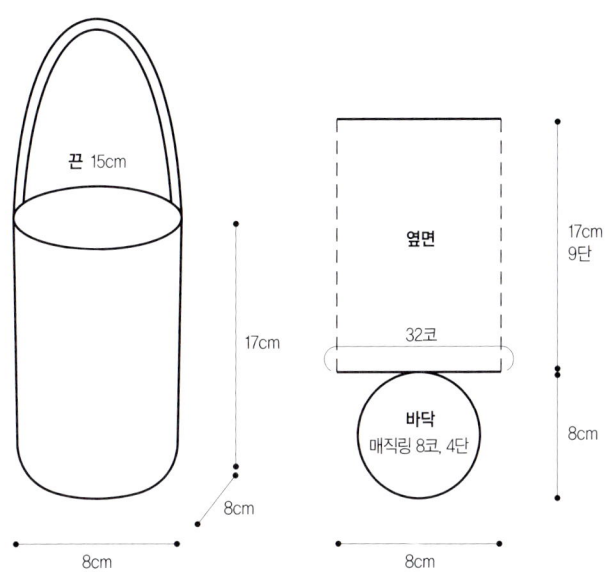

끈 15cm
17cm
8cm
8cm

옆면
32코
17cm 9단
8cm

바닥
매직링 8코, 4단
8cm

185

crochet essay
상표권 디자인 특허와 저작권 침해의 경계

5~6년 전부터 SS시즌이면 해외 명품 가방 브랜드들이 라피아실 손뜨개가방을 출시하고 있다. 프라다, 입생로랑, 샤넬, 펜디, 구찌 등 거의 모든 브랜드의 여름 가방으로 한 카테고리를 차지한다. 뜨개를 취미로 하는 사람들은 당연히 '그렇다면 나도 똑같이 떠봐야지' 하는 맘으로 솜씨를 발휘하여 진품 못지않은 가방을 뜬다.

여기까지는 좋다. 그러나 문제는 뜨개가방에 로고를 그대로 사용한다는 것이다. 중국산 프라다나 샤넬 금속 장식을 부착하거나 프라다로고를 자수 놓기도 한다. 팬디나 구찌 같은 경우 패턴을 뜨개로 사용하는 경우도 많다. 인스타그램을 봐도 특히 프라다 가방을 떠서 자수로 로고 작업을 한 뜨개가방을 많이 보게 된다. 유튜브도 마찬가지다.

이런 상황을 보면서 상표권 침해에 해당하는 것은 아닌지 이번 기회에 확실하게 알아보고 가는 것이 좋을 것 같다.

1. 내가 만든 가방에 프라다나 샤넬 같은 금속 장식을 달아도 되나?
절대 안 된다. 명품의 로고를 도용해 제품을 제조하거나 판매한 것이 된다. 프라다나 샤넬, 구찌 같은 제품은 저명상품으로 특정되어 있어서 더 많은 제약을 받을 수 있다. 명품 브랜드의 금속 장식은 국내에서는 만들거나 유통되지 않고 주로 중국에서 생산되어 어둠의 경로로 들어오는 경우가 대부분이다. 그런 장식을 자신의 뜨개가방에 부착하는 것은 판매 목적이 아니더라도 부정경쟁방지법에 저촉된다.

2. 내가 만든 가방에 프라다 로고 자수를 해도 되나?
1번과 같은 이유로 로고를 자수해도 상표법에 저촉된다.

3. 펜디나 루이 비통 같은 패턴을 사용해도 되나?
저명상표나 주지상표인 경우 비슷한 문양도 상거래 질서에 위반되므로 상표법에 저촉된다.

4. 뜨개가방을 판매하는데 고객이 명품 로고를 달아서 보내달라고 하면 누구의 잘못인가?
당연히 판매한 사람이 책임을 져야 한다.

5. 어떻게 활용하는 것이 좋은 것인가?
페이크 패션은 패션의 트랜드로 자리를 잡고 있다. 얼마 전 드라마 '나의 해방일지'의 구씨가 구찌를 패러디한 구씨 티셔츠를 입고 나온 적이 있다. 이처럼 유명 브랜드를 풍자하고 패러디하는 것이 위트로 받아들여지고 있다. 이처럼 대놓고 나는 샤넬(저명상표)이 아니라고 확실하고 당당하게 혹은 위트 있게 표현하는 것은 상표권자의 권리를 침해하는 것이 아니다. 빅뱅의 지드레곤이 '지방시(Givenchy)' 철자를 자신의 이름으로 패러디한 '지용시(Giyongchy)' 비니를 착용하기도 했다. '나이키(Nike)'가 아닌 '나이스(Nice)', '샤넬(CHANEL)'이 아닌 '채널(CHANNEL)'등이 패러디 이미테이션 브랜드로 자리 잡고 있다. 가능하면 명품 브랜드가 아니라는 확실한 네이밍이 필요하다.

6. 핀터레스트나 유튜브에 올라온 작품을 똑같이 만들어서 판매하는 것은?

개인이 똑같이 만드는 것은 상관없으나 그것을 판매하는 것은 문제가 된다. 그러나 변형된 작품은 별도로 생성된 것이 되므로 문제가 되지 않는다. 특히 유튜브나 온라인 상에 자신의 제작 과정이나 작품을 올릴 때 불특정 다수가 보라고 올려놓은 영상물이기 때문에 "이 영상을 사전에 협의 없이 사용하는 것은 저작권 침해에 해당한다." 라고 꼭 표시해 두는 것이 좋다.

7. 국내, 해외 저작권이나 실용신안 등록에 대해서

얼마 전 핀터레스트에 있는 뜨개 방법을 보고 작업하여 샘플을 SNS에 올린 적이 있다. 그런데 자신이 저작권을 등록해 놓은 뜨개 방법이니 사용하지 말라는 연락을 받았다. 즉시 변리사에게 이런 경우 어떻게 대응해야 하는지에 문의한 적이 있다.

저작권이란 사진이나, 음악, 소설 등 새로운 창작물에 대해서 등록하는 경우가 많고 이런 뜨개 방법은 디자인 등록이나 특허를 내는 경우가 대부분이라고 한다. 뜨개로 저작권을 등록하려면 뜨는 과정을 영상으로 만들거나 글로 서술하여 그 자체로 등록한다고 한다. 그리고 유튜브에 동영상을 올리는 것은 창작물이므로 공시하는 효과가 있어 콘텐츠를 올린 시점이 중요하다고 한다. 즉, 핀터레스트에 올라온 게시물이 유튜브에 올라온 게시물보다 앞서서 올렸다면 저작권을 주장하기에 어렵다고 했다. 참고로 미국은 선발명이 효력을 발휘하고, 우리나라는 출원이 우선적으로 효력을 발휘한다. 특히 6번에서 언급한 대로 영상에 주의사항을 따로 표시하지 않았다면 크게 신경 쓸 일이 아니라는 답변을 받았다. 뜨개 부분에 있어서 저작권이란 상당히 애매모호한 경우가 많다고 한다.

나도 제품을 수출하면서 상표를 등록할 때 국내뿐만 아니라 유통될 나라에 각각 등록한다. 저작권법은 속지주의를 따르므로 해외에까지 등록해야 효력이 발생한다. 왜냐하면 핀터레스트를 비롯한 많은 SNS 플랫폼은 글로벌한 플랫폼이기 때문이다. 그러나 한 나라에 1천만 원 정도의 등록비를 감당하면서 등록하는 뜨개인이 몇이나 될까?

8. 출처를 밝히고 판매하는 것은 괜찮은 것인가?
출처는 당연히 밝혀야 하고 원작자와 협의하는 것이 가장 안전하다.

9. 도의적인 책임이란 것

근래에 보테가베네타의 카세트백을 뜨개로 뜨는 가방이 유행하고 있다. 가죽 소재의 명품 가방 디자인을 뜨개가방으로 만드는 것이 디자인 카피가 되는가? 더군다나 보테가베네타는 상표를 밖으로 부착하지 않는 브랜드이다 보니 더욱 애매하다고 느낄 수 있다. 소재가 바뀌었고 이 뜨개 제품은 누가 봐도 보테가베네타의 제품이 아니란 것을 알 수 있다.

보테가베네타의 카세트백과 흡사한 백이 자라에서도 나와 있다. 왜 보테가베네타는 자라에서 카피제품을 판매하는 것을 그냥 두고 보는 것일까? 아마 보테가베네타의 입장에서 자라의 카세트백에 대해 대응할 필요가 없다고 생각했거나, 간접광고가 된다고 생각했을 수도 있다. 자라에서 판매하고 있는 카세트백이 보테가베네타의 짝퉁이라고 생각하는 사람은 없다. 즉 소비자가 오인할 경우가 없다. 가방을 디자인하고 판매할 때 짝퉁이 나온다는 것은 시장에서 히트치고 있다는 반증처럼 생각하기도 한다. 기업 간에 서로 디자인을 카피한 제품을 판매하고 있는데 뜨개가방으로 만들었다고 도의적으로 잘못되었다고 하는 것은 로고 디테일도 없는데 너무 과해 보인다.

다시 정리해보면 유명상표를 그대로 뜨개 작품에 부착하거나 자수를 놓는 것은 상표권자의 권리를 침해하는 것이다. 짝퉁 제조로 형사법에 따른 처벌을 받는다. 그리고 원래 명품 가방의 판매가격 기준으로 벌금을 내야 한다. 저명/주지상표들은 자신의 상표권에 침해가 되고 있는지를 항상 리서치한다.

어떤 명품 가방 스타일이 마음에 들어서 꼭 만들어 보고 싶다면 디자인을 변형하고 로고는 사용하지 않아야 한다. 로고를 사용하고 싶다면 그 브랜드가 절대 아니라는 페이크 로고를 사용한다.

동영상이나 온라인에서 다른 사람의 아이디어를 이용해서 사용하고 싶다면 변형시키든가 원작자와 협의한다.

영상물을 게시할 때는 저작권의 보호를 받는 영상임을 표시를 해 놓는 것이 좋다. 그리고 자기 작품이 보호받기 위해서는 저작권 등록보다 온라인에 모든 사람이 볼 수 있도록 최대한 빨리 올려 개시해 놓는 것이 공지 공용된 것으로 인정된다.